M. T. CICERONIS

IN L. CATILINAM

ORATIONES QUATUOR

AVIS.

Tous les exemplaires de cette édition sont revêtus de notre griffe.

L. Hachette et Cie

DE L'IMPRIMERIE DE CRAPELET, RUE DE VAUGIRARD, 9.

M. T. CICERONIS

IN

L. CATILINAM

ORATIONES QUATUOR

ÉDITION

PUBLIÉE AVEC DES ARGUMENTS ET DES NOTES EN FRANÇAIS

PAR E. SOMMER

AGRÉGÉ DES CLASSES SUPÉRIEURES

DOCTEUR ÈS LETTRES

PARIS

LIBRAIRIE DE L. HACHETTE ET Cie

RUE PIERRE-SARRAZIN, N° 12

(Quartier de l'École de Médecine)

1849

ARGUMENT ANALYTIQUE

DU PREMIER DISCOURS CONTRE CATILINA.

L. Sergius Catilina, issu d'une famille patricienne, trouva dès sa jeunesse la carrière des magistratures naturellement ouverte devant lui. Il y entra comme préteur d'Afrique, et ne se signala dès son début que par des exactions et des violences. Aussi lorsque, de retour à Rome, il voulut se mettre sur les rangs pour le consulat, poursuivi par les Africains pour ses concussions, il fut forcé de renoncer à satisfaire son ambition par les voies légales. Une première conspiration contre les nouveaux consuls, deux fois avortée, mais deux fois impunie ; des accusations dont le laissa triompher tantôt la vénalité du juge, tantôt celle de l'accusateur, ne firent que l'encourager dans les préparatifs d'un plus vaste et plus effrayant complot. La corruption des mœurs publiques ne lui donna que trop de complices ; l'un d'eux livra bientôt à une femme tous les secrets de la conjuration, au moment même où le succès semblait certain. Celle-ci s'empressa d'en donner connaissance à Cicéron. Après avoir fait au sénat un rapport détaillé sur les renseignements qui lui avaient été fournis, et demandé que la convocation des comices consulaires fût différée de quelques jours, Cicéron interpella le lendemain Catilina lui-même, et n'en reçut que l'audacieuse réponse qui donnait ouvertement un chef au parti du peuple contre celui du sénat. Alors fut rendu le décret par lequel, dans les circonstances périlleuses, le consul était revêtu d'une autorité dictatoriale.

Lorsqu'arriva le jour des comices, Cicéron, instruit cette fois encore d'un nouveau complot contre sa vie, le déjoua par les précautions dont il s'entoura dans le champ de Mars. Catilina, ainsi réduit à l'impuissance, résolut de recourir à la guerre ouverte. Mallius, son complice, regagna l'Étrurie, où il prit les armes le 27 octobre 690. Le 28, un projet de massacre dans Rome échoua par la vigilance du consul. Le 1er novembre, une attaque contre Préneste ne réussit pas mieux. Enfin, dans la nuit du 6 au 7, Catilina réunit ses complices chez le sénateur P. Læca, l'un d'eux, et là furent résolus le meurtre de Cicéron, l'incendie de Rome, le soulèvement de l'Italie et le départ de Catilina pour le camp de Fésules. Au point du jour, les assassins se présentèrent chez Cicéron, dont la porte resta fermée. Aussitôt le consul convoqua le sénat dans le temple de Jupiter Stator. Catilina s'y rendit, soit pour rassurer ses complices, soit pour détourner les soupçons. Lorsqu'il entra, tous les sénateurs s'écartèrent à son approche et laissèrent vide la partie de l'enceinte où il alla se placer. C'est en ce moment que le consul, s'abandonnant à son indignation, lui adressa la harangue connue sous le nom de *Première Catilinaire*. Catilina répondit par quelques paroles, hypocrites et suppliantes d'abord, puis menaçantes à la fin, rentra furieux dans sa maison et quitta Rome, la nuit même, pour aller rejoindre Mallius et son armée.

I. Tous les desseins de Catilina sont connus; s'il vit encore, il ne le doit qu'à l'indulgence du consul.

II. Cicéron n'a pas fait usage des pouvoirs sans bornes dont il est armé depuis vingt jours, mais sa vigilance suit partout le coupable.

III. Le consul sait tout, a tout prévu, tout annoncé.

IV. Il rend compte de la réunion nocturne des conjurés chez le sénateur Læca, des discours qu'on y a tenus, des plans qu'on y a formés. Catilina ne le démentira point.

V. Que Catilina se retire avec ses complices, qu'il cesse de mettre plus longtemps la patrie en danger, qu'il se rende en exil.

VI. Quel charme peut le retenir dans une ville où tous les citoyens le craignent et le méprisent?

VII. Le sénat lui a manifesté toute son horreur. La patrie elle-même le conjure de s'éloigner.

VIII. Catilina a demandé une surveillance dont aucun citoyen honnête n'a voulu se charger; il demande au sénat un arrêt que le silence même des sénateurs prononce assez clairement.

IX. Cicéron est prêt à braver tous les dangers pour le salut de la patrie. Poursuivi par la haine s'il exile Catilina, la gloire l'attend, au contraire, si Catilina va rejoindre son armée, comme il paraît s'y disposer.

X. Qu'il aille donc où l'appelle sa perverse nature; qu'il poursuive ces desseins auxquels l'ont préparé des travaux si vantés

XI. Mais la patrie s'oppose à cette indulgence, et reproche au consul sa faiblesse; la loi veut que Catilina périsse; en ne l'exécutant pas, Cicéron encourt la haine de tous les bons citoyens.

XII. Il n'aurait pas hésité à frapper; mais on refuse encore de croire à cet horrible complot, et la mort de Catilina ne débarrasserait Rome que du seul Catilina, tandis que son départ la délivrera de tous les conjurés.

XIII. Que tous les méchants aillent chercher en Étrurie la punition de leurs forfaits. Que Jupiter sauve Rome et frappe les sacriléges.

ORATIO PRIMA

IN L. CATILINAM.

I. Quòusque tandem abutere, Catilina, patientiâ nostrâ[1]? Quamdiu etiam furor iste tuus nos eludet? Quem ad finem sese effrenata jactabit audacia? Nihilne te nocturnum præsidium Palatii[2], nihil urbis vigiliæ[3], nihil timor populi, nihil concursus bonorum omnium, nihil hic munitissimus habendi senatûs locus[4], nihil horum[5] ora vultusque moverunt? Patere tua consilia non sentis? Constrictam jam omnium horum conscientiâ teneri[6] conjurationem tuam non vides? Quid proximâ, quid superiore nocte[7] egeris, ubi fueris, quos convocaveris, quid consilii ceperis, quem nostrûm ignorare arbitraris?

O tempora! O mores! Senatus hæc intelligit; consul videt: hic[8] tamen vivit. Vivit? imò verò etiam in senatum venit; fit publici consilii particeps; notat et designat oculis ad cædem unumquemque nostrûm. Nos autem, viri fortes, satisfacere reipublicæ videmur, si istius furorem ac tela vitemus. Ad mortem te, Catilina, duci jussu consulis jampridem oportebat[9]; in te conferri pestem istam[10], quam tu in nos omnes jamdiu machinaris.

1. *Patientiâ nostrâ;* la patience du sénat et des consuls.

2. *Palatii;* le mont Palatin, situé au centre des sept collines, et proche du forum.

3. *Urbis vigiliæ.* Le sénat, informé du danger, avait ordonné que des postes de nuit fussent établis dans toute la ville pour la mettre à l'abri d'un coup de main.

4. *Munitissimus locus* désigne le temple de Jupiter Stator.

5. *Horum*, de ceux-ci, c'est-à-dire des sénateurs ici présents.

6. *Constrictam teneri*, être tenue enlacée, enchaînée, c.-à-d. réduite à l'impuissance.

7. *Proximâ, superiore nocte*, la dernière, l'avant-dernière nuit.

8. *Hic*, Catilina.

9. *Oportebat*, il fallait, c'est-à-dire il eût fallu.

10. *In te conferri pestem istam* dépend encore de *oportebat*.

An verò vir amplissimus, P. Scipio[1], pontifex maximus, T. Gracchum[2], mediocriter labefactantem statum reipublicæ[3], privatus[4] interfecit, Catilinam verò, orbem terræ cæde atque incendiis vastare cupientem, nos consules perferemus? Nam illa nimis antiqua prætereo, quôd C. Servilius Ahala[5] Sp. Melium, novis rebus studentem[6], manu suâ occidit. Fuit, fuit ista quondam in hâc republicâ virtus, ut viri fortes acrioribus suppliciis civem perniciosum, quàm acerbissimum hostem, coercerent. Habemus senatusconsultum[7] in te, Catilina, vehemens et grave : non deest reipublicæ consilium, neque auctoritas hujus ordinis[8]; nos, nos, dico apertè, consules desumus.

II. Decrevit quondam[9] senatus, ut L. Opimius consul videret, ne quid respublica detrimenti caperet[10]. Nox nulla intercessit : interfectus est propter quasdam seditionum suspiciones C. Gracchus[11], clarissimo patre, avo, majoribus; occi-

1. *P. Scipio.* Scipion Nasica, fils de Scipion le censeur et petit-fils de ce Scipion qui avait été déclaré le plus honnête homme de la république (*vir optimus*).

2. Tibérius Gracchus fut tué dans le forum par Scipion Nasica, au moment où il excitait le peuple contre le sénat.

3. *Mediocriter... reipublicæ.* Gracchus qui n'aspirait pas comme toi au renversement total de l'État, qui ne portait qu'une atteinte assez modérée à la constitution de l'État.

4. *Privatus*, simple citoyen, non revêtu d'une magistrature, parce que le grand pontife n'avait pas le caractère de magistrat.

5. Servilius Ahala, général de la cavalerie du dictateur Cincinnatus, qui l'envoya sommer Sp. Mélius de comparaître devant son tribunal. Mélius était accusé d'aspirer à la tyrannie pour avoir fait au peuple des distributions gratuites de grains. Sur son refus de comparaître, il fut tué par Servilius Ahala.

6. *Novis rebus studentem*, aspirant à des choses nouvelles, c'est-à-dire préparant une révolution, un changement dans l'Etat.

7. *Senatusconsultum.* Le sénat avait donné aux consuls, comme dans toutes les circonstances critiques, un pouvoir absolu.

8. *Hujus ordinis*, de cet ordre, du sénat.

9. *Quondam.* Onze ans après le meurtre de Tibérius Gracchus.

10. *Ne... caperet.* Formule ordinaire des décrets qui remettaient tous les pouvoirs aux consuls pour le salut de la patrie.

11. Caïus Gracchus, frère de Tibérius, fils de Sempronius Gracchus, censeur, deux fois consul, petit-fils de Scipion l'Africain.

sus est cum liberis M. Fulvius[1], consularis. Simili senatusconsulto C. Mario et L. Valerio, consulibus, permissa est respublica. Num unum diem postea L. Saturninum[2], tribunum plebis, et C. Servilium, prætorem, mors ac reipublicæ pœna remorata est? At nos vicesimum jam diem[3] patimur hebescere aciem horum auctoritatis[4]. Habemus enim hujusmodi senatusconsultum, verumtamen inclusum in tabulis, tanquam gladium in vaginâ reconditum : quo ex senatusconsulto confestim interfectum te esse, Catilina, convenit[5]. Vivis, et vivis non ad deponendam, sed ad confirmandam audaciam. Cupio, patres conscripti, me esse clementem ; cupio in tantis reipublicæ periculis me non dissolutum[6] videri ; sed jam me ipse inertiæ nequitiæque condemno.

Castra[7] sunt in Italiâ contra rempublicam, in Etruriæ faucibus[8], collocata ; crescit in dies singulos hostium numerus : eorum autem imperatorem castrorum, ducemque hostium, intra mœnia atque adeò in senatu videmus, intestinam aliquam quotidie perniciem reipublicæ molientem. Si te jam, Catilina, comprehendi, si te interfici jussero, credo, erit verendum mihi, ne non hoc potiùs omnes boni seriùs a me, quàm quisquam crudeliùs factum esse dicat. Verùm ego hoc, quod jampridem factum esse oportuit, certâ de causâ nondum adducor ut faciam. Tum denique interficiam[9] te, quum jam nemo tam improbus, tam perditus, tam tuî similis inveniri

1. Fulvius avait été nommé triumvir par C. Gracchus à la place de Tibérius.

2. Saturninus, pour se faire proroger dans le tribunat, avait fait tuer son compétiteur. Il fit tuer aussi Memmius, qui disputait le consulat au préteur Servilius Glaucia, son complice. Marius vainquit Saturninus et Servilius Glaucia, et les fit périr.

3. *Vicesimum diem*, le vingtième jour, c'est-à-dire depuis vingt jours, voilà vingt jours que...

4. *Patimur... auctoritatis*, nous laissons s'émousser le tranchant de l'autorité de ceux-ci, des sénateurs, c'est-à-dire nous laissons s'émousser dans nos mains le glaive de l'autorité du sénat.

5. *Convenit* équivaut à *oportuit*, il eût fallu.

6. *Dissolutum*; relâché, sans vigueur, negligent, faible.

7. *Castra*, le camp de Mallius, complice de Catilina.

8. *In Etruriæ faucibus*, dans les gorges de l'Étrurie, à Fésules.

9. *Interficiam* pour *interfici jubebo*, je te ferai mettre à mort.

poterit, qui id non jure factum esse fateatur. Quamdiu quisquam erit, qui te defendere audeat, vives, et vives ita, ut nunc vivis, multis meis et firmis præsidiis obsessus, ne commovere te contra rempublicam possis. Multorum te etiam oculi et aures non sentientem, sicut adhuc fecerunt, speculabuntur atque custodient.

III. Etenim quid est, Catilina, quod jam ampliùs exspectes, si neque nox tenebris obscurare cœtus nefarios, nec privata domus parietibus continere voces conjurationis tuæ[1] potest? si illustrantur, si erumpunt omnia[2]? Muta jam istam mentem[3], mihi crede; obliviscere cædis atque incendiorum. Teneris undique; luce sunt clariora nobis tua consilia omnia : quæ etiam mecum licet recognoscas.

Meministine me ante diem XII kalendas novembres[4] dicere in senatu, fore in armis certo die, qui dies futurus esset ante diem VI kalendas novembres[5], C. Mallium, audaciæ satellitem atque administrum tuæ? Num me fefellit, Catilina, non modò res tanta, tam atrox, tam incredibilis, verùm, id quod multò magis est admirandum, dies? Dixi ego idem in senatu, cædem te optimatum contulisse in ante diem V kalendas novembres[6], tum quum multi principes civitatis Româ, non tam suî conservandi quàm tuorum consiliorum reprimendorum causâ, profugerunt. Num inficiari potes, te illo ipso die meis præsidiis, meâ diligentiâ circumclusum, commovere te contra rempublicam non potuisse, quum tu, discessu ceterorum[7], nostrâ tamen, qui remansissemus, cæde[8] contentum te esse dicebas?

1. *Voces conjurationis tuæ*, les voix de ta conspiration, c.-à-d. de ceux qui conspirent avec toi.

2. *Illustrantur*, sont éclairés, mis au grand jour. *Erumpunt*, éclatent.

3. *Muta istam mentem*, change ce projet, renonce à tes desseins.

4. *Ante diem* XII *kalendas novembres* équivaut à *duodecimo die ante kalendas novembres*, le 20 octobre.

5. *Ante diem* VI *kalendas novembres*, le 26 octobre.

6. *In ante diem* V, *etc.*, c'est-à-dire *in diem quintum ante kal. nov.*, pour le 25 octobre.

7. *Discessu ceterorum*, après le départ des autres principaux citoyens.

8. *Nostrâ, qui remansissemus, cæde*, équivaut à *cæde nostri, qui remansissemus*, c'est-à-dire *mei, qui remansissem*.

Quid? quum tu te Præneste[1] kalendis ipsis novembribus[2] occupaturum[3] nocturno impetu esse confideres, sensistine illam coloniam meo jussu, meis præsidiis, custodiis vigiliisque esse munitam? Nihil agis, nihil moliris, nihil cogitas, quod ego non modò non audiam, sed etiam non videam planèque sentiam.

IV. Recognosce tandem mecum noctem illam superiorem : jam intelliges multò me vigilare acriùs ad salutem, quàm te ad perniciem reipublicæ. Dico te priore nocte[4] venisse inter falcarios[5], non agam obscurè[6], in M. Læcæ[7] domum; convenisse[8] eòdem complures ejusdem amentiæ scelerisque socios. Num negare audes? quid taces? convincam, si negas. Video enim esse in senatu quosdam, qui tecum unâ fuerunt.

O dii immortales! ubinam gentium sumus? quam rempublicam habemus? in quâ urbe vivimus? Hìc, hìc sunt, nostro in numero, patres conscripti, in hoc orbis terræ sanctissimo gravissimoque consilio, qui de meo nostrûmque omnium interitu, qui de hujus urbis atque adeò orbis terrarum exitio cogitent. Hosce ego video consul, et de republicâ sententiam rogo[9]! et, quos ferro trucidari oportebat, eos nondum voce vulnero! Fuisti igitur apud Læcam illâ nocte, Catilina; distribuisti partes Italiæ[10]; statuisti quò quemque proficisci placeret[11]; delegisti, quos Romæ relinqueres, quos tecum educeres; descripsisti urbis partes ad incendia; confirmâsti te ipsum jam esse exiturum; dixisti paululum tibi esse etiam

1. Préneste, ville du Latium, à peu de distance de Rome.

2. *Kalendis novembribus*, le 1er novembre.

3. *Occupaturum*; s'emparer (par un coup de main), surprendre.

4. *Priore nocte*, la première des deux dernières nuits, c'est-à-dire l'avant-dernière nuit.

5. *Inter falcarios*, dans le quartier des fabricants de faux, des fourbisseurs.

6. *Non agam obscurè*, je ne traiterai pas la chose d'une manière obscure, je parlerai clairement.

7. M. Porcius Læca, sénateur, complice de Catilina.

8. *Convenisse* (*dico*).

9. *De republicâ sententiam rogo*, je prends leur avis sur les intérêts de l'État.

10. *Distribuisti partes Italiæ*, tu as distribué les parties de l'Italie, c'est-à-dire tu as partagé l'Italie entre tes complices.

11. *Quò.... placeret* (*tibi.*)

tum moræ, quòd ego viverem. Reperti sunt duo equites romani[1], qui te istâ curâ liberarent, et sese illâ ipsâ nocte paulò ante lucem me in meo lectulo interfecturos pollicerentur.

Hæc ego omnia, vixdum etiam cœtu vestro dimisso, comperi[2] : domum meam majoribus præsidiis munivi atque firmavi ; exclusi eos, quos tu manè ad me salutatum miseras, quum illi ipsi venissent, quos ego jam multis ac summis viris ad me id temporis venturos esse prædixeram[3].

V. Quæ quum ita sint, Catilina, perge, quò cœpisti ; egredere aliquando ex urbe ; patent portæ ; proficiscere. Nimiùm diu te imperatorem tua illa Malliana castra desiderant. Educ tecum etiam omnes tuos ; si minùs, quàm plurimos ; purga urbem : magno me metu liberabis, dummodo inter me atque te murus intersit. Nobiscum versari jam diutius non potes ; non feram, non patiar, non sinam.

Magna diis immortalibus habenda est gratia, atque huic ipsi Jovi Statori[4], antiquissimo custodi hujus urbis, quòd hanc tam tetram, tam horribilem tamque infestam reipublicæ pestem toties jam effugimus. Non est sæpius in uno homine[5] summa salus periclitanda reipublicæ. Quamdiu mihi, consuli designato, Catilina, insidiatus es, non publico me præsidio, sed privatâ diligentiâ defendi. Quum proximis comitiis consularibus[6] me consulem in campo[7], et competitores tuos[8] interficere voluisti, compressi tuos nefarios conatus amicorum præsidio et copiis, nullo tumultu publicè concitato[9] ; deni-

1. Salluste nomme les deux assassins ; c'étaient le chevalier Cornélius et le sénateur Varguntéius.

2. *Comperi.* Cicéron avait tout appris par Fulvia, à qui l'un des complices, Curius, venait de révéler le complot.

3. *Id temporis venturos esse,* devoir venir à cette heure-là.

4. *Huic ipsi Jovi Statori,* à ce Jupiter Stator lui-même, c'est-à-dire à Jupiter Stator dans le temple duquel nous nous trouvons.

5. *In uno homine* désigne évidemment Catilina et non pas Cicéron : Il ne faut pas que le même homme mette une fois de plus la patrie en danger.

6. *Proximis comitiis consularibus,* aux derniers comices consulaires.

7. *Campo,* le champ de Mars.

8. *Competitores tuos.* Silanus et Muréna.

9. *Nullo tumultu publicè concitato,* sans exciter aucun trouble public.

que, quotiescumque me petisti, per me[1] tibi obstiti, quanquam videbam perniciem meam cum magnâ calamitate reipublicæ esse conjunctam. Nunc jam apertè rempublicam universam petis; templa deorum immortalium, tecta urbis, vitam omnium civium, Italiam denique totam ad exitium et vastitatem vocas.

Quare, quoniam id, quod primum[2] atque hujus imperii disciplinæque majorum proprium[3] est, facere nondum audeo, faciam id, quod est ad severitatem[4] lenius, ad communem salutem utilius. Nam, si te interfici jussero, residebit in republicâ reliqua conjuratorum manus. Sin tu, quod te jamdudum hortor, exieris, exhaurietur ex urbe tuorum comitum magna et perniciosa sentina reipublicæ.

Quid est, Catilina? Num dubitas id, me imperante, facere, quod jam tuâ sponte faciebas[5]? Exire ex urbe jubet consul hostem. Interrogas me, num in exsilium[6]? Non jubeo; sed, si me consulis, suadeo.

VI. Quid est enim, Catilina, quod te jam in hâc urbe delectare possit, in quâ nemo est, extra istam conjurationem perditorum hominum, qui te non metuat, nemo, qui non oderit? Quæ nota domesticæ turpitudinis non inusta vitæ tuæ est? quod privatarum rerum dedecus non hæret infamiæ[7]? quæ libido ab oculis, quod facinus a manibus unquam tuis, quod flagitium a toto corpore abfuit? cui tu adolescentulo, quem corruptelarum illecebris irretisses, non aut ad audaciam ferrum, aut ad libidinem facem prætulisti?

1. *Per me*, par moi-même, par mes seules forces, avec mes seules ressources.

2. *Id, quod primum*, ce parti qui se présente le premier, c'est-à-dire l'ordre de te faire périr.

3. *Hujus imperii disciplinæque majorum proprium*, mot à mot qui appartient à, c'est-à-dire qui ressort de cette autorité (l'autorité consulaire) et de la tradition, des exemples de nos ancêtres.

4. *Ad severitatem*, sous le rapport de la sévérité.

5. *Quod faciebas*, que tu faisais, ou plutôt que tu voulais, que tu allais faire.

6. *Exsilium*, l'exil volontaire auquel pouvaient se soumettre avant le jugement, quel que fût leur crime, les citoyens qui ne voulaient pas attendre une condamnation.

7. *Infamiæ (tuæ)*, à ta mauvaise renommée.

Quid verò? nuper quum morte superioris uxoris[1] novis nuptiis domum vacuefecisses, nonne etiam alio incredibili scelere[2] hoc scelus cumulâsti? quod ego prætermitto, et facilè patior sileri, ne in hâc civitate tanti facinoris immanitas aut exstitisse, aut non vindicata esse videatur. Prætermitto ruinas fortunarum tuarum, quas omnes impendere tibi proximis idibus[3] senties: ad illa venio, quæ non ad privatam ignominiam vitiorum tuorum, non ad domesticam tuam difficultatem[4] ac turpitudinem, sed ad summam reipublicæ atque ad omnium nostrûm vitam salutemque pertinent.

Potestne tibi hæc lux, Catilina, aut hujus cœli spiritus esse jucundus, quum scias horum esse neminem, qui nesciat, te pridie kalendas januarias, Lepido et Tullo consulibus, stetisse in comitio cum telo? manum, consulum et principum civitatis interficiendorum causâ, paravisse? sceleri ac furori tuo non mentem aliquam[5], aut timorem tuum, sed fortunam populi romani obstitisse? Ac jam illa omitto. Neque enim sunt aut obscura, aut non multa pòst commissa[6]. Quoties tu me designatum, quoties consulem[7] interficere conatus es! quot ego tuas petitiones[8] ita conjectas, ut vitari non posse viderentur, parvâ quâdam declinatione, et, ut aiunt, corpore effugi! Nihil agis, nihil assequeris, nihil moliris, quod mihi latere valeat in tempore: neque tamen conari ac velle desistis. Quoties jam tibi extorta est sica ista de manibus? quoties verò excidit casu aliquo, et elapsa est? Tamen eâ carere diutius non potes: quæ

1. *Morte superioris uxoris*, en faisant mourir ta première femme. Catilina avait voulu devenir libre pour épouser une courtisane.

2. *Alio incredibili scelere.* Cet autre crime horrible, incroyable, est, à ce qu'on présume, le meurtre d'un fils du premier lit; mais on n'en avait aucune preuve.

3. *Proximis idibus*, aux ides prochaines. C'était aux ides que les débiteurs payaient à leurs créanciers l'intérêt des sommes empruntées.

4. *Difficultatem*, la gêne de l'homme accablé de dettes.

5. *Mens aliqua*, quelque autre pensée, un changement de volonté, de dessein.

6. *Neque enim... commissa.* Ils (ces crimes) sont connus de tout le monde, et bien d'autres les ont suivis.

7. *Designatum;* consul désigné; *consulem;* consul nommé.

8. *Quot ego tuas petitiones... effugi!* Métaphore empruntée aux luttes des gladiateurs.

quidem quibus abs te initiata sacris ac devota sit[1], nescio, quòd eam necesse putas consulis in corpore defigere.

VII. Nunc verò, quæ tua est ista vita? Sic enim jam tecum loquar, non ut odio permotus esse videar, quo debeo, sed ut misericordiâ, quæ tibi nulla debetur. Venisti paulò antè in senatum. Quis te ex hâc tantâ frequentiâ, tot ex tuis amicis ac necessariis, salutavit? Si hoc post hominum memoriam contigit nemini, vocis exspectas contumeliam, quum sis gravissimo judicio taciturnitatis oppressus? Quid? quòd adventu tuo ista subsellia vacuefacta sunt? quòd omnes consulares, qui tibi persæpe ad cædem constituti fuerunt[2], simul atque assedisti, partem istam subselliorum nudam atque inanem reliquerunt?

Quo tandem animo hoc tibi ferendum putas? Servi mehercle mei si me isto pacto metuerent, ut te metuunt omnes cives tui, domum meam relinquendam putarem : tu tibi urbem non arbitraris[3]? Et, si me meis civibus injuriâ suspectum tam graviter atque offensum viderem, carere me adspectu civium, quàm infestis oculis omnium conspici, mallem : tu, quum conscientiâ scelerum tuorum agnoscas odium omnium justum, et jam tibi diu debitum, dubitas, quorum mentes sensusque vulneras, eorum adspectum præsentiamque vitare? Si te parentes timerent atque odissent tui, neque eos ullâ ratione placare posses, ut opinor, ab eorum oculis aliquò concederes : nunc te patria, quæ communis est omnium nostrûm parens, odit ac metuit, et jamdiu te nihil judicat, nisi de parricidio suo cogitare[4]. Hujus tu neque auctoritatem verebere, neque judicium[5] sequere, neque vim pertimesces?

Quæ[6] tecum, Catilina, sic agit, et quodam modo tacita lo-

1. *Quibus abs te initiata... sit.* On consacrait les couteaux destinés aux sacrifices ; Cicéron, par un artifice oratoire, paraît supposer que Catilina avait voué le sien au meurtre des consuls.

2. *Qui tibi ad cædem constituti fuerunt* équivaut à *quos occidere constituisti.*

3. *Tu tibi urbem (relinquendam esse) non arbitraris?*

4. *Jamdiu te... cogitare.* Construisez : *Jamdiu judicat te nihil cogitare, nisi de parricidio suo.*

5. *Judicium,* la sentence de la patrie. Dans le paragraphe suivant la patrie demande l'exil de Catilina.

6. *Quæ*, la patrie.

quitur : « Nullum aliquot jam annis facinus exstitit, nisi per te, nullum flagitium sinè te ; tibi uni multorum civium neces[1], tibi vexatio direptioque sociorum[2] impunita fuit ac libera ; tu non solùm ad negligendas leges et quæstiones, verùm etiam ad evertendas perfringendasque valuisti. Superiora illa, quanquam ferenda non fuerunt, tamen, ut potui, tuli : nunc verò me totam esse in metu propter te unum ; quidquid increpuerit[3], Catilinam timeri ; nullum videri contra me consilium iniri posse, quod a tuo scelere[4] abhorreat, non est ferendum. Quamobrem discede, atque hunc mihi timorem eripe : si est verus[5], ne opprimar ; sin falsus, ut tandem aliquando timere desinam. »

VIII. Hæc si tecum, ut dixi, patria loquatur, nonne impetrare debeat, etiam si vim adhibere non possit? Quid? quòd tu te ipse in custodiam dedisti[6]? Quid? quòd, vitandæ suspicionis causâ, apud M. Lepidum[7] te habitare velle dixisti? a quo non receptus, etiam ad me venire ausus es, atque, ut domi meæ te asservarem, rogâsti. Quum a me quoque id responsum tulisses, me nullo modo posse iisdem parietibus tutò esse tecum, qui magno in periculo essem, quòd iisdem mœnibus contineremur, ad Q. Metellum prætorem venisti. A quo repudiatus, ad sodalem tuum, virum optimum, M. Marcellum[8], demigrâsti, quem tu videlicet et ad custodiendum te diligentissimum, et ad suspicandum sagacissimum, et ad vin-

1. *Civium neces.* A la faveur des troubles du temps de Sylla, Catilina avait pu tuer impunément plusieurs citoyens.

2. *Vexatio direptioque sociorum.* Allusion à la préture de Catilina en Afrique. Voy. l'Argum. analyt.

3. *Quidquid increpuerit,* quoi que ce soit qui ait fait du bruit, c'est-à-dire au moindre bruit.

4. *Scelere,* la conspiration impie de Catilina.

5. *Si est verus,* si elle (cette crainte) est vraie, c'est-à-dire si elle est juste, fondée.

6. Catilina avait offert de se constituer prisonnier. On confiait alors les accusés de quelque distinction à la garde d'un magistrat dans sa propre maison et sous sa responsabilité.

7. M. Lépidus, consul avec Volcatius Tullus, l'an de Rome 688.

8. *M. Marcellum.* Ce Marcellus, ami de Catilina, que Cicéron appelle par ironie *virum optimum,* ne doit pas être confondu avec celui dont il est question plus bas. Toute la fin de cette phrase est aussi ironique.

dicandum fortissimum fore putâsti. Sed quàm longè videtur a carcere atque a vinculis abesse debere, qui se ipse jam dignum custodiâ judicârit?

Quæ quum ita sint, Catilina, dubitas, si hìc emori æquo animo non potes[1], abire in aliquas terras, et vitam istam, multis suppliciis justis debitisque ereptam, fugæ solitudinique mandare? « Refer, inquis, ad senatum : » id enim postulas, et, si hic ordo[2] placere sibi decreverit te ire in exsilium, obtemperaturum te esse dicis. Non referam id, quod abhorret a meis moribus[3], et tamen faciam ut intelligas, quid hi de te sentiant. Egredere ex urbe, Catilina; libera rempublicam metu ; in exsilium, si hanc vocem exspectas, proficiscere. Quid est, Catilina? Ecquid attendis, ecquid animadvertis horum silentium? Patiuntur, tacent. Quid exspectas auctoritatem loquentium, quorum voluntatem tacitorum perspicis?

At si hoc idem huic adolescenti optimo, P. Sextio[4], si fortissimo viro, M. Marcello[5], dixissem, jam mihi consuli, hoc ipso in templo, jure optimo senatus vim et manus intulisset. De te autem, Catilina, quum quiescunt, probant; quum patiuntur, decernunt ; quum tacent, clamant. Neque hi solùm, quorum tibi auctoritas est videlicet cara, vita vilissima, sed etiam illi equites romani, honestissimi atque optimi viri, ceterique fortissimi cives, qui circumstant senatum, quorum tu et frequentiam videre, et studia perspicere, et voces paulò antè exaudire potuisti. Quorum ego vix abs te jamdiu manus ac tela contineo, eosdem facilè adducam, ut tè hæc[6], quæ jampridem vastare studes, relinquentem, usque ad portas prosequantur[7].

1. *Si hìc emori æquo animo non potes*, si tu ne peux mourir tranquillement ici, c'est-à-dire puisque tu ne peux terminer en paix ici ta carrière.

2. *Hic ordo*, le sénat.

3. *Quod abhorret a meis moribus*, ce qui répugne à mon caractère (naturellement doux et clément).

4. P. Sextius, questeur du consul C. Antoine, fut défendu par Cicéron (Voir le plaidoyer *Pro Sextio*).

5. M. Marcellus, qui fut exilé plus tard, et dont Cicéron demanda le retour à César (Voir la harangue *Pro Marcello*).

6. *Hæc* (*loca*), cette ville.

7. *Ad portas prosequantur*. Les parents, les amis et les clients accompagnaient jusqu'aux portes de la ville les citoyens qui partaient pour un voyage ou pour l'exil.

IX. Quanquam quid loquor? te ut ulla res frangat[1]? tu ut unquam te corrigas? tu ut ullam fugam meditere? tu ut ullum exsilium cogites? Utinam tibi istam mentem dii immortales duint[2]! Tametsi video, si, meâ voce perterritus, ire in exsilium animum induxeris, quanta tempestas invidiæ nobis, si minùs in præsens tempus, recenti memoriâ scelerum tuorum[3], at in posteritatem impendeat. Sed est mihi tanti[4], dummodo ista privata sit calamitas[5], et a reipublicæ periculis sejungatur. Sed tu ut vitiis tuis commoveare, ut legum pœnas pertimescas, ut temporibus reipublicæ concedas[6], non est postulandum. Neque enim is es, Catilina, ut te aut pudor a turpitudine, aut metus a periculo, aut ratio a furore revocârit.

Quamobrem, ut sæpe jam dixi, proficiscere; ac, si mihi inimico, ut prædicas, tuo conflare vis invidiam, rectà perge in exsilium: vix feram sermones hominum[7], si id feceris[8]; vix molem istius invidiæ, si in exsilium ieris jussu consulis, sustinebo. Sin autem servire meæ laudi et gloriæ mavis, egredere cum importunâ sceleratorum manu; confer te ad Mallium; concita perditos cives; secerne te a bonis; infer patriæ bellum; exsulta impio latrocinio[9], ut a me non ejectus ad alienos, sed invitatus ad tuos isse videaris.

Quanquam quid ego te invitem, a quo jam sciam esse præmissos, qui tibi ad forum Aurelium[10] præstolarentur ar-

1. *Te ut ulla res frangat?* Que rien puisse te fléchir, puisse briser ton indomptable caractère?

2. *Duim, duint*, forme antique, pour *dem*, *dent*.

3. *Recenti memoriâ scelerum tuorum*, tandis que le souvenir de tes crimes est encore présent.

4. *Sed est mihi tanti*, mot à mot, mais cela vaut pour moi ce prix, c'est-à-dire cette haine n'est pas payée trop cher, je consens à la subir, pourvu que...

5. *Dummodo ista privata sit calamitas, etc.* Pourvu que ces malheurs (que je prévois) me soient personnels, ne frappent que moi, et ne mettent pas l'Etat en péril.

6. *Temporibus reipublicæ concedas;* céder aux circonstances de la république, c'est-à-dire faire les sacrifices que demande l'état de la république.

7. *Sermones hominum* doit s'entendre ici des clameurs de la haine.

8. *Si id feceris*, si tu fais cela, c'est-à-dire si tu t'exiles.

9. *Impio latrocinio ;* brigandage impie, c'est-à-dire guerre impie faite par des brigands.

10. Forum Aurélium, en Étrurie, sur la voie Aurélia.

mati? cui sciam pactam et constitutam esse cum Mallio diem? a quo etiam aquilam illam argenteam[1], quam tibi ac tuis omnibus perniciosam esse confido et funestam futuram, cui domi tuæ sacrarium scelerum tuorum constitutum fuit, sciam esse præmissam? Tu ut illâ diutius carere possis[2], quam venerari, ad cædem proficiscens, solebas, a cujus altaribus sæpe istam impiam dexteram ad necem civium transtulisti?

X. Ibis tandem aliquando, quò te jampridem tua ista cupiditas effrenata ac furiosa rapiebat. Neque enim tibi hæc res[3] affert dolorem, sed quamdam incredibilem voluptatem. Ad hanc te amentiam natura peperit, voluntas exercuit, fortuna servavit. Nunquam tu non modò otium, sed ne bellum quidem, nisi nefarium, concupîsti. Nactus es ex perditis atque ab omni non modò fortunâ, verùm etiam spe derelictis, conflatam improborum manum. Hìc tu quâ lætitiâ perfruere! quibus gaudiis exsultabis! quantâ in voluptate bacchabere, quum in tanto numero tuorum neque audies virum bonum quemquam, neque videbis! Ad hujus vitæ studium meditati illi sunt[4], qui feruntur, labores tui[5]: jacere humi, non modò ad obsidendum stuprum[6], verùm etiam ad facinus obeundum; vigilare, non solùm insidiantem somno maritorum, verùm etiam bonis otiosorum[7]. Habes, ubi ostentes illam præclaram tuam patientiam famis, frigoris, inopiæ rerum omnium, quibus te brevi tempore confectum esse senties.

Tantum profeci tum, quum te a consulatu repuli[8], ut ex-

1. *Aquilam argenteam*. Cette aigle d'argent était, dit-on, celle qu'avait Marius dans son expédition contre les Cimbres.

2. *Tu ut possis* équivaut à *qui fieri potest ut tu possis?* Eh quoi! tu pourrais... Pourrais-tu jamais?...

3. *Hæc res*, ton départ pour aller commencer la guerre civile.

4. *Meditati sunt* a ici le sens passif, ont été médités, combinés.

5. *Qui feruntur, labores tui*, ces travaux qu'on cite, qu'on vante.

6. *Ad obsidendum stuprum*, mot à mot, pour assiéger le déshonneur, c'est-à-dire pour épier le moment de porter le déshonneur dans les familles.

7. *Otiosorum;* ceux qui vivent dans le repos, qui ont du loisir, les citoyens riches, et non les négligents, ceux qui manquent de vigilance.

8. *Quum te a consulatu repuli*, lorsque je t'ai repoussé du consulat, lorsque je t'ai empêché d'être nommé consul.

sul potiùs tentare, quàm consul vexare rempublicam posses, atque ut id, quod esset a te sceleratè susceptum, latrocinium potiùs quàm bellum nominaretur.

XI. Nunc, ut a me, patres conscripti, quamdam propè justam patriæ querimoniam detester ac deprecer, percipite, quæso, diligenter, quæ dicam, et ea penitus animis vestris mentibusque mandate. Etenim si mecum patria, quæ mihi vitâ meâ multò est carior, si cuncta Italia, si omnis respublica loquatur : « M. Tulli, quid agis? Tune eum, quem esse hostem comperisti, quem ducem belli futurum vides, quem exspectari imperatorem in castris hostium sentis, auctorem sceleris, principem conjurationis, evocatorem servorum et civium perditorum, exire patieris, ut abs te non emissus ex urbe, sed immissus in urbem esse videatur? Non hunc in vincula duci, non ad mortem rapi, non summo supplicio mactari imperabis?

« Quid tandem impedit te? Mosne majorum? At persæpe etiam privati in hâc republicâ perniciosos cives morte mulctârunt. An leges[1], quæ de civium romanorum supplicio rogatæ sunt? At nunquam in hâc urbe ii, qui a republicâ defecerunt, civium jura tenuerunt. An invidiam posteritatis times? Præclaram verò populo romano refers gratiam, qui te, hominem per te cognitum[2], nullâ commendatione majorum, tam maturè[3] ad summum imperium per omnes honorum gradus extulit, si, propter invidiam[4] aut alicujus periculi metum, salutem civium tuorum negligis. Sed, si quis est invidiæ metus, num est vehementiùs severitatis ac fortitudinis invidia[5], quàm inertiæ ac nequitiæ, pertimescenda? An, quum bello

1. *Leges.* La loi Porcia défendait d'enchaîner, de frapper, de faire périr un citoyen ; la loi Sempronia voulait qu'on ne pût mettre un citoyen à mort sans un jugement du peuple.

2. *Hominem per te cognitum,* homme qui n'es connu que par toi-même, c.-à-d. qui n'as pas de nom, pas d'aïeux, homme nouveau.

3. *Tam maturè.* Cicéron avait parcouru dans une seule année tous les degrés des honneurs, ce qui était jusqu'alors sans exemple.

4. *Propter invidiam*, parce que tu crains d'attirer sur toi la haine.

5. *Invidia severitatis,* la haine qui s'attache au magistrat sévère.

vastabitur Italia, vexabuntur urbes, tecta ardebunt; tum te non existimas invidiæ incendio conflagraturum? »

XII. His ego sanctissimis reipublicæ vocibus, et eorum hominum, qui idem sentiunt, mentibus pauca respondebo. Ego, si hoc optimum factu judicarem, patres conscripti, Catilinam morte multari, unius usuram horæ gladiatori isti ad vivendum non dedissem. Etenim, si summi viri et clarissimi cives Saturnini et Gracchorum et Flacci et superiorum complurium sanguine non modò se non contaminârunt, sed etiam honestârunt, certè mihi verendum non erat, ne quid, hoc parricidâ civium interfecto, invidiæ mihi in posteritatem redundaret[1]. Quòd si ea mihi maximè impenderet, tamen hoc animo semper fui, ut invidiam virtute partam, gloriam, non invidiam putarem[2].

Quanquam nonnulli sunt in hoc ordine, qui aut ea, quæ imminent, non videant, aut ea, quæ vident, dissimulent, qui spem Catilinæ mollibus sententiis aluerunt, conjurationemque nascentem non credendo corroboraverunt; quorum auctoritatem secuti multi, non solùm improbi, verùm etiam imperiti, si in hunc animadvertissem, crudeliter et regiè[3] factum esse dicerent. Nunc intelligo, si iste, quò intendit, in Malliana castra pervenerit, neminem tam stultum fore, qui non videat conjurationem esse factam, neminem tam improbum, qui non fateatur. Hoc autem uno interfecto, intelligo hanc reipublicæ pestem paulisper reprimi, non in perpetuum comprimi posse. Quod si se ejecerit, secumque suos eduxerit, et eòdem ceteros undique collectos naufragos[4] aggregaverit, exstinguetur atque delebitur non modò hæc tam adulta reipublicæ pestis, verùm etiam stirps ac semen malorum omnium.

XIII. Etenim jamdiu, patres conscripti, in his periculis

1. *Ne quid invidiæ mihi redundaret*, que quelque haine ne rejaillît sur mon nom dans l'avenir.

2. *Ut invidiam... putarem*, que j'ai toujours pensé qu'une disgrâce méritée par la vertu, est moins une disgrâce qu'un titre de gloire.

3. *Regiè*, en roi, c'est-à-dire d'une manière arbitraire et tyrannique, en despote.

4. *Naufragos;* ceux qui ont perdu leurs biens, leur patrimoine. Cicéron dit ailleurs : *Patrimonio naufragus*.

conjurationis insidiisque versamur; sed, nescio quo pacto[1], omnium scelerum ac veteris furoris et audaciæ maturitas in nostri consulatûs[2] tempus erupit. Quòd si ex tanto latrocinio[3] iste unus tolletur, videbimur fortasse ad breve quoddam tempus curâ et metu esse relevati; periculum autem residebit, et erit inclusum penitus in venis atque in visceribus reipublicæ. Ut sæpe homines ægri morbo gravi, quum æstu febrique jactantur, si aquam gelidam biberint, primò relevari videntur, deinde multò graviùs vehementiùsque afflictantur; sic hic morbus, qui est in republicâ, relevatus istius pœnâ, vehementiùs, vivis reliquis, ingravescet[4].

Quare, patres conscripti, secedant improbi; secernant se a bonis; unum in locum congregentur; muro denique, id quod sæpe jam dixi, secernantur a nobis; desinant insidiari domi suæ consuli, circumstare tribunal prætoris urbani[5], obsidere cum gladiis curiam, malleolos[6] et faces ad inflammandam urbem comparare; sit denique inscriptum in fronte uniuscujusque, quid de republicâ sentiat. Polliceor hoc vobis, patres conscripti, tantam in nobis consulibus fore diligentiam, tantam in vobis auctoritatem, tantam in equitibus romanis virtutem, tantam in omnibus bonis consensionem, ut Catilinæ profectione omnia patefacta, illustrata, oppressa, vindicata esse videatis.

Hisce ominibus, Catilina, cum summâ reipublicæ salute et cum tuâ peste ac pernicie, cumque eorum exitio, qui se tecum omni scelere parricidioque junxerunt, proficiscere ad impium bellum ac nefarium. Tum tu, Jupiter, qui iisdem,

1. *Nescio quo pacto,* je ne sais comment, j'ignore pour quelle cause.

2. *In nostri consulatûs tempus*, sous mon consulat.

3. *Ex tanto latrocinio* équivaut à *ex tanto latronum numero*. De même, nous avons vu plus haut *conjuratio* pour *conjurati*.

4. *Vivis reliquis*, si les autres conjurés vivent encore.

5. *Circumstare tribunal prætoris urbani.* Les conjurés, tous perdus de dettes, entouraient, pour l'effrayer, le tribunal du préteur qui jugeait les affaires des débiteurs avec leurs créanciers. Ce préteur s'appelait *urbanus*, préteur civil.

6. On appelait *malleolus* une sorte de trait qui renfermait des matières combustibles, et se lançait tout enflammé pour allumer l'incendie.

quibus hæc urbs, auspiciis a Romulo es constitutus[1], quem Statorem[2] hujus urbis atque imperii verè nominamus, hunc et hujus socios a tuis aris ceterisque templis, a tectis urbis ac mœnibus, a vitâ fortunisque civium omnium arcebis; et omnes inimicos bonorum, hostes patriæ, latrones Italiæ, scelerum fœdere inter se ac nefariâ societate conjunctos, æternis suppliciis vivos mortuosque mactabis.

1. *Jupiter... constitutus.* Jupiter, toi qui fus fondé, c'est-à-dire dont le temple fut fondé par Romulus sous les mêmes auspices que cette ville, en même temps que cette ville.

2. *Statorem hujus imperii*, soutien de cet empire.

ARGUMENT ANALYTIQUE

DU SECOND DISCOURS CONTRE CATILINA.

Après la séance du sénat, Catilina, accablé par la harangue de Cicéron, partit au milieu de la nuit pour le camp de Mallius, avec un petit nombre de ses complices, laissant à Céthégus, à Lentulus et à quelques autres le soin de tout mettre en œuvre pour fortifier le parti et hâter l'assassinat du consul, de tout disposer enfin pour le massacre, l'incendie et la guerre civile; il promettait de revenir bientôt lui-même aux portes de Rome à la tête d'une puissante armée (Sall., *Cat.*, ch. XXXII).

Le lendemain, Cicéron, informé de ces circonstances, monta à la tribune aux harangues, pour rendre compte au peuple de tout ce qui s'était passé. C'est le sujet de ce second discours, qui fut prononcé le 9 novembre de l'an de Rome 691, pendant que le sénat s'assemblait de son côté pour délibérer sur les mesures que le départ de Catilina pouvait rendre nécessaires.

I. L'orateur félicite les citoyens de l'éloignement de Catilina. Tous les dangers qui menaçaient la république sont écartés.

II. Qu'on ne reproche point au consul d'avoir laissé échapper un ennemi si dangereux; il a dû s'y résigner pour éclairer tous les doutes et pour contraindre les conjurés à lever le masque. Ce que Cicéron regrette, c'est que Catilina ait laissé un grand nombre de ses partisans, bien plus redoutables au sein de la ville que dans le camp de Mallius.

III. Que sont les ressources de Catilina, en comparaison de celles dont la république dispose? Les véritables ennemis sont dans Rome; mais Cicéron les connaît tous, il n'ignore aucun de leurs desseins, et il les engage à ne pas compter sur son indulgence.

IV. Qu'ils aillent rejoindre leur chef, s'ils veulent échapper à la rigueur du consul. Heureuse la république, déjà ranimée par le départ de Catilina, si tous les hommes pervers dont il a fait ses amis et ses complices vont se ranger sous son drapeau!

V. L'audace de ses partisans ne connaît plus de bornes, ils ne font entendre que menaces de mort et d'incendie. Souffrira-t-on qu'au milieu de la paix avec le monde entier, Rome ait à trembler dans ses propres murs devant une poignée de scélérats? Le consul se charge de leur faire la guerre et de les frapper, s'ils ne veulent ni s'exiler ni rentrer dans le devoir.

VI. Mais, d'un autre côté, on accuse Cicéron d'avoir arbitrairement exilé Catilina. Le consul a fait voir à Catilina qu'il était informé de tous ses desseins, il l'a engagé à partir, et Catilina s'est éloigné de lui-même, non pas pour aller en exil, mais pour se rendre au camp de Mallius.

VII. Si Catilina, contraint de renoncer à une guerre impie, allait réellement en exil, loin d'en faire honneur au consul, on l'accuserait de tyrannie. Cicéron ne s'en plaindrait point, pourvu que la patrie fût délivrée. Mais cet espoir ne se réalisera pas.

VIII. Le consul serait heureux de ramener dans le devoir les complices de Catilina; il les divise en plusieurs classes, il sait ce qu'il faut à chacune. La première est composée de gens chargés de dettes, qui ne veulent point se libérer par la vente de leurs biens; Cicéron se charge de faire vendre lui-même et de les ramener ainsi à une position meilleure.

IX. En second lieu viennent des hommes endettés, mais qui espèrent, au moyen des troubles, arriver aux honneurs. Ils ne voient pas que s'ils triomphaient (mais ce triomphe est impossible), on leur préférerait les fugitifs et les gladiateurs. La troisième classe se compose des anciens colons de Sylla, subitement enrichis et ruinés par un faste extravagant : ils se flattent en vain de voir le retour de temps à jamais maudits.

X. La quatrième classe n'est qu'un ramas de toutes sortes de gens poussés à la sédition par une misère qui est leur propre ouvrage; mais ce ne sont pas des soldats. S'ils veulent périr, qu'ils périssent seuls et sans infamie. La cinquième classe est formée de vils scélérats; qu'ils aillent se faire tuer avec Catilina. Enfin, au dernier degré se trouvent les intimes amis du chef, c'est-à-dire, ce qu'il y a de plus impur et de plus souillé dans l'Etat. Leur extermination est nécessaire au salut de la république.

XI. Et d'ailleurs leur perte est inévitable; ils doivent succomber dans cette lutte inégale de la faiblesse contre la force, du vice contre la vertu.

XII. Que les bons citoyens prennent confiance; qu'ils veillent à leur sûreté personnelle; le consul s'est chargé du reste et a pris déjà toutes les mesures. Il a les yeux ouverts sur les conjurés qui sont restés à Rome; il les exhorte de nouveau à partir; s'ils persistent à demeurer, il punira leurs moindres tentatives avec toute la rigueur des lois.

XIII. Cicéron fera son devoir sans occasionner aucun trouble, mais il compte moins sur la sagesse des conseils humains que sur la protection évidente des dieux.

ORATIO SECUNDA

IN L. CATILINAM.

I. Tandem aliquando, Quirites[1], L. Catilinam, furentem audaciâ, scelus anhelantem, pestem patriæ nefariè molientem, vobis atque huic urbi ferrum flammamque minitantem, ex urbe vel ejecimus, vel emisimus, vel ipsum egredientem verbis prosecuti sumus[2]. Abiit, excessit, evasit, erupit; nulla jam pernicies a monstro illo atque prodigio mœnibus ipsis intra mœnia comparabitur. Atque hunc quidem unum hujus belli domestici ducem sinè controversiâ[3] vicimus. Non enim jam inter latera nostra sica illa[4] versabitur; non in campo[5], non in foro, non in curiâ, non denique intra domesticos parietes pertimescemus. Loco[6] ille motus est, quum est ex urbe depulsus. Palàm jam cum hoste, nullo impediente, bellum justum geremus. Sinè dubio perdidimus hominem, magnificèque vicimus, quum illum ex occultis insidiis in apertum latrocinium conjecimus.

Quòd verò non cruentum[7] mucronem, ut voluit, extulit, quòd, vivis nobis, egressus est, quòd ei ferrum de manibus extorsimus, quòd incolumes cives, quòd stantem urbem reliquit, quanto tandem illum mœrore afflictum esse et profliga-

1. *Quirites.* C'était l'un des noms du peuple romain assemblé; il désignait plus spécialement les citoyens dans la condition privée, et ne se disait jamais des soldats.

2. *Ejecimus,* nous l'avons chassé. *Emisimus,* nous l'avons laissé partir. *Verbis prosecuti sumus,* nous l'avons accompagné de nos adieux. *Ipsum,* de lui-même, de son propre mouvement.

3. *Sinè controversiâ,* sans conteste, sans aucun doute.

4. *Sica illa,* ce poignard qui avait plusieurs fois menacé Cicéron.

5. *In campo,* dans le champ de Mars, où Catilina avait essayé de faire périr Cicéron. Voy. le premier discours, ch. IV et V.

6. *Loco;* poste, position, en termes de guerre.

7. *Cruentum* teint de notre sang.

tum putatis? Jacet ille nunc prostratus, Quirites, et se perculsum atque abjectum esse sentit, et retorquet oculos profectò sæpe ad hanc urbem, quam ex suis faucibus [1] ereptam esse luget; quæ quidem lætari mihi videtur, quòd tantam pestem evomuerit forasque projecerit.

II. At si quis est talis, quales esse omnes oportebat [2], qui in hoc ipso, in quo exsultat et triumphat oratio mea, me vehementer accuset [3], quòd tam capitalem hostem non comprehenderim potiùs, quàm emiserim, non est ista mea culpa, Quirites, sed temporum [4]. Interemptum esse L. Catilinam et gravissimo supplicio affectum jampridem oportebat, idque a me et mos majorum [5], et hujus imperii [6] severitas, et res publica [7] postulabat. Sed quàm multos fuisse putatis, qui, quæ ego deferrem, non crederent? quàm multos, qui propter stultitiam non putarent? quàm multos, qui etiam defenderent? quàm multos, qui propter improbitatem faverent? Ac si sublato illo depelli a vobis omne periculum judicarem, jampridem ego L. Catilinam non modò invidiæ meæ [8], verùm etiam vitæ periculo sustulissem.

Sed quum viderem, ne vobis quidem omnibus re etiam tum probatâ, si illum, ut erat meritus, morte multâssem, fore ut ejus socios, invidiâ oppressus, persequi non possem, rem huc deduxi, ut tum palàm pugnare possetis, quum hostem apertè videretis; quem quidem ego hostem, Quirites, quàm vehementer foris [9] esse timendum putem, licet hinc intelligatis, quòd illud etiàm molestè fero, quòd ex urbe parùm comitatus exierit. Utinam ille omnes secum suas copias eduxisset! Tongilium mihi [10] eduxit, quem amare in prætextâ [11] cœperat; Pu-

1. *Ex suis faucibus,* mot à mot, à sa gorge, c'est-à-dire à sa rage, à sa fureur.

2. *Oportebat* équivaut à *oporteret.*

3. *Qui in hoc ipso me accuset,* qui m'accuse de cela même.

4. *Sed (est culpa) temporum.*

5. *Mos majorum.* Voy. le premier discours, ch. I et II.

6. *Hujus imperii;* le pouvoir consulaire.

7. *Res publica,* l'intérêt public.

8. *Invidiæ meæ periculo,* au risque d'encourir la haine.

9. *Foris,* hors de Rome.

10. *Mihi.* Nous employons de même le pronom *moi,* mais dans le style familier. Boileau : Prends-*moi* le bon parti, laisse là tous les livres.

11. La *prétexte* était la robe des magistrats, des grands pontifes

blicium et Munatium, quorum æs alienum, contractum in popinâ, nullum reipublicæ motum afferre poterat : reliquit quos viros! quanto alieno ære! quàm valentes! quàm nobiles!

III. Itaque ego illum exercitum, et Gallicanis legionibus[1] et hoc delectu, quem in agro Piceno et Gallico[2] Q. Metellus habuit, et his copiis, quæ a nobis quotidie comparantur, magnopere contemno, collectum ex senibus desperatis, ex agresti luxuriâ[3], ex rusticis decoctoribus, ex iis, qui vadimonia deserere[4] quàm illum exercitum maluerunt; quibus ego non modò si aciem exercitûs[5] nostri, verùm etiam si edictum prætoris[6] ostendero, concident. Hos, quos video volitare in foro, quos stare ad curiam, quos etiam in senatum venire, qui nitent unguentis, qui fulgent purpurâ[7], mallem secum suos milites[8] eduxisset; qui si hìc permanent, mementote, non tam exercitum illum[9] esse nobis, quàm hos, qui exercitum deseruerunt, pertimescendos. Atque hoc etiam sunt timendi magis, quòd, quid cogitent, me scire sentiunt, neque tamen permoventur.

Video, cui Apulia sit attributa[10], qui habeat Etruriam, qui agrum Picenum, qui Gallicum, qui sibi has urbanas insidias cædis atque incendiorum depoposcerit. Omnia superioris noctis[11] consilia ad me delata esse sentiunt ; patefeci in senatu hesterno die ; Catilina ipse pertimuit, profugit : hi quid exspec-

et des enfants; ceux-ci la quittaient à dix-sept ans pour la robe virile. *In prætextâ* veut donc dire *dans l'enfance*.

1. *Gallicanis legionibus;* les légions romaines qui tenaient garnison dans les Gaules. L'ablatif *legionibus* doit s'expliquer *en comparaison des légions*.

2. *Agro Gallico;* la Gaule Cisalpine, entre les Alpes et le Rubicon.

3. *Agresti luxuriâ*, « paysans ruinés par le luxe. » BURNOUF.

4. *Vadimonia deserere*, faire défaut à l'assignation.

5. *Aciem exercitûs;* armée rangée en bataille.

6. Le préteur urbain qui, sur la requête du créancier, lui livrait la personne du débiteur.

7. La tunique des patriciens et celle des chevaliers étaient bordées de pourpre.

8. *Suos milites*, comme ses soldats, c.-à-d. pour en faire ses soldats.

9. *Exercitum illum* (*Catilinarium*).

10. *Cui Apulia sit attributa, etc.* L'Apulie avait été assignée par Catilina à C. Julius, l'Étrurie à Mallius, le Picénum à Septimius.

11. *Superioris noctis;* la nuit où les conjurés avaient tenu leur assemblée dans la maison de Læca.

tant? Næ illi vehementer errant, si illam meam pristinam lenitatem perpetuam sperant futuram.

IV. Quod exspectavi jam sum assecutus, ut vos omnes factam esse apertè[1] conjurationem contra rempublicam videretis; nisi verò si quis est, qui Catilinæ similes cum Catilinâ sentire[2] non putet. Non est jam lenitati locus; severitatem res ipsa flagitat. Unum etiam nunc concedam : exeant, proficiscantur, ne patiantur desiderio suî Catilinam miserum tabescere. Demonstrabo iter : Aureliâ viâ[3] profectus est. Si accelerare volent, ad vesperam consequentur.

O fortunatam rempublicam, si quidem hanc sentinam hujus urbis ejecerit! Uno mehercule Catilinâ exhausto[4], relevata mihi et recreata respublica videtur. Quid enim mali aut sceleris fingi aut excogitari potest, quod non ille conceperit? Quis totâ Italiâ veneficus, quis gladiator, quis latro, quis sicarius, quis parricida, quis testamentorum subjector, quis circumscriptor, quis ganeo, quis nepos, quis adulter, quæ mulier infamis, quis corruptor juventutis, quis corruptus, quis perditus inveniri potest, qui se cum Catilinâ non familiarissimè vixisse fateatur? Quæ cædes per hosce annos sinè illo facta est? quod nefarium stuprum non per illum[5]?

Jam verò quæ tanta in ullo unquam homine juventutis illecebra[6] fuit, quanta in illo? qui alios ipse amabat turpissimè, aliorum amori flagitiosissimè serviebat, aliis fructum libidinum, aliis mortem parentum, non modò impellendo, verùm etiam adjuvando, pollicebatur. Nunc verò quàm subitò, non solùm ex urbe, verùm etiam ex agris, ingentem numerum perditorum hominum collegerat! Nemo, non modò Romæ, sed nec ullo in angulo totius Italiæ, oppressus ære alieno fuit, quem non ad hoc incredibile sceleris fœdus adsciverit.

V. Atque ut ejus diversa studia in dissimili ratione[7] per-

1. *Apertè*, clairement, manifestement, doit se joindre à *videretis*.

2. *Sentire cum Catilinâ*, partager les sentiments, les projets de Catilina.

3. *Aureliâ viâ;* la voie Aurélienne, qui conduisait de Rome en Étrurie.

4. *Exhausto*, continuation de la métaphore *hanc sentinam*.

5. *Non (factum est) per illum*.

6. *Juventutis illecebra*, l'art de séduire la jeunesse.

7. *In dissimili ratione*, dans un genre différent.

spicere possitis, nemo est in ludo gladiatorio paulò ad facinus audacior, qui se non intimum Catilinæ esse fateatur; nemo in scenâ levior et nequior, qui se non ejusdem propè sodalem fuisse commemoret. Atque idem tamen, stuprorum et scelerum exercitatione assuefactus frigore et fame et siti ac vigiliis perferendis [1], fortis ab istis prædicabatur, quum industriæ subsidia atque instrumenta virtutis [2] in libidine audaciâque consumeret.

Hunc verò si secuti erint sui comites, si ex urbe exierint desperatorum hominum flagitiosi greges, o nos beatos, o rempublicam fortunatam, o præclaram laudem consulatûs mei! Non enim jam sunt mediocres hominum libidines, non humanæ audaciæ ac tolerandæ : nihil cogitant, nisi cædes, nisi incendia, nisi rapinas; patrimonia sua profuderunt; fortunas suas abligurierunt; res eos jampridem [3], fides deficere nuper cœpit; eadem tamen illa, quæ erat in abundantiâ, libido permanet. Quòd si in vino et alcà comessationes solùm et scorta quærerent, essent illi quidem desperandi, sed tamen essent ferendi. Hoc verò quis ferre possit, inertes homines fortissimis viris insidiari, stultissimos prudentissimis, ebriosos sobriis, dormientes vigilantibus? Qui mihi [4] accubantes in conviviis, complexi mulieres impudicas, vino languidi, confecti cibo, sertis redimiti, unguentis obliti, debilitati stupris, eructant sermonibus suis cædem bonorum atque urbis incendia.

Quibus ego confido impendere fatum aliquod, et pœnas, jamdiu improbitati, nequitiæ, sceleri, libidini debitas, aut instare jam planè, aut certè jam appropinquare. Quos si meus consulatus, quoniam sanare non potest, sustulerit, non breve nescio quod tempus, sed multa secula propagârit reipublicæ. Nulla est enim natio, quam pertimescamus; nullus rex, qui bellum populo romano facere possit. Omnia sunt externa unius [5]

1. *Assuefactus frigore et fame et siti ac vigiliis perferendis*, accoutumé (par la pratique du crime) à supporter le froid, la faim, la soif, les veilles.

2. *Industriæ subsidia*, les ressources de l'éducation. *Instrumenta virtutis*, les moyens, les armes de la vertu.

3. *Res*, les biens, la fortune; *eos jampridem (defecit)*. *Fides*, le crédit.

4. *Mihi*. Voyez la note 10 de la page 25.

5. *Unius* désigne Pompée.

virtute terrâ marique pacata : domesticum bellum manet; intus insidiæ sunt; intus inclusum periculum est; intus est hostis. Cum luxuriâ nobis, cum amentiâ, cum scelere certandum est. Huic ego me bello ducem profiteor, Quirites; suscipio inimicitias hominum perditorum. Quæ sanari poterunt, quâcumque ratione sanabo : quæ resecanda erunt, non patiar ad perniciem civitatis manere. Proinde aut exeant, aut quiescant; aut, si et in urbe et in eâdem mente permanent[1], ea, quæ merentur[2], exspectent.

VI. At etiam sunt, Quirites, qui dicant, a me in exsilium ejectum esse Catilinam. Quod ego si verbo assequi possem[3], istos ipsos ejicerem, qui hæc loquuntur. Homo videlicet timidus et permodestus vocem consulis ferre non potuit : simul atque ire in exsilium jussus est, paruit, ivit. Hesterno die, quum domi meæ penè interfectus essem[4], senatum in ædem Jovis Statoris convocavi; rem omnem ad patres conscriptos detuli. Quò quum Catilina venisset, quis eum senator appellavit? quis salutavit? quis denique ita adspexit ut perditum civem, ac non potiùs ut importunissimum hostem? Quin etiam principes ejus ordinis partem illam subselliorum, ad quam ille accesserat, nudam atque inanem reliquerunt.

Hìc, ego, vehemens ille consul, qui verbo cives in exsilium ejicio, quæsivi a Catilinâ, an nocturno conventu apud M. Læcam fuisset, necne. Quum ille, homo audacissimus, conscientiâ convictus, primò reticuisset, patefeci cetera; quid eâ nocte egisset, quid in proximam constituisset[5], quemadmodum esset ei ratio totius belli[6] descripta, edocui. Quum hæsitaret, quum teneretur, quæsivi, quid dubitaret proficisci eò, quò jampridem pararet, quum arma, quum secures, quum

1. *Si et in urbe et in eâdem mente permanent*, s'ils restent dans la ville et persévèrent dans leurs projets.

2. *Ea, quæ merentur*, le traitement, le châtiment qu'ils méritent.

3. *Quod ego si... possem*, si je pouvais d'un mot arriver à cela, c'est-à-dire, s'il ne fallait qu'un mot de moi pour envoyer en exil.

4. *Quum domi meæ penè interfectus essem*. Voyez le premier discours, ch. IV.

5. *Quid in proximam (noctem) constituisset*, ce qu'il avait résolu pour la nuit suivante.

6. *Ratio totius belli*, le plan de toute la guerre.

fasces[1], quum tubas, quum signa militaria, quum aquilam illam argenteam[2], cui ille etiam sacrarium scelerum domi suæ fecerat, scirem esse præmissam.

In exsilium ejiciebam, quem jam ingressum esse in bellum[3] videbam? Etenim, credo[4], Mallius iste, centurio, qui in agro Fesulano castra posuit, bellum populo Romano suo nomine indixit, et illa castra nunc non Catilinam ducem exspectant, et ille, ejectus in exsilium, se Massiliam[5], ut aiunt, non in hæc castra conferet.

VII. O conditionem miseram, non modò administrandæ, verùm etiam conservandæ reipublicæ! Nunc si L. Catilina, consiliis, laboribus, periculis meis circumclusus ac debilitatus, subitò pertimuerit, sententiam mutaverit, deseruerit suos, consilium belli faciendi abjecerit, ex hoc cursu sceleris et belli iter ad fugam atque in exsilium converterit, non ille a me spoliatus armis audaciæ, non obstupefactus ac perterritus meâ diligentiâ, non de spe conatuque depulsus, sed indemnatus, innocens, in exsilium ejectus a consule vi et minis esse dicetur : et erunt, qui illum, si hoc fecerit, non improbum, sed miserum, me non diligentissimum consulem, sed crudelissimum tyrannum existimari velint.

Est mihi tanti[6], Quirites, hujus invidiæ falsæ atque iniquæ tempestatem subire, dummodo a vobis hujus horribilis belli ac nefarii periculum depellatur. Dicatur sanè ejectus esse a me, dummodo eat in exsilium. Sed, mihi credite, non est iturus. Nunquam ego a diis immortalibus optabo, Quirites, invidiæ meæ levandæ causâ, ut L. Catilinam ducere exercitum hostium, atque in armis volitare audiatis ; sed triduo tamen

1. *Fasces*. Salluste, *Catilina*, XXXVI : *Cum fascibus atque aliis imperii insignibus in castra ad Mallium contendit*.

2. *Aquilam argentam*. Voyez la note 1 de la page 16.

3. *Ingressum esse in bellum*, être entré dans la guerre, avoir commencé la guerre.

4. *Etenim, credo, etc.*, phrase ironique.

5. Marseille, qui n'avait pas été réunie avec le reste de la Gaule au territoire romain, et qui continuait à être regardée simplement comme ville alliée, était presque toujours la résidence choisie par les plus illustres exilés, tels que Scipion l'Asiatique, Milon, etc.

6. *Est mihi tanti*. Locution déjà expliquée. Voyez la note 4 de la page 15.

audietis, multòque magis illud timeo, ne mihi sit invidiosum[1] aliquando, quòd illum emiserim potiùs, quàm quòd ejecerim. Sed quum sint homines, qui illum, quum profectus sit, ejectum esse dicant, iidem, si interfectus esset, quid dicerent?

Quanquam isti, qui Catilinam Massiliam ire dictitant, non tam hoc queruntur, quàm verentur. Nemo est istorum tam misericors[2], qui illum non ad Mallium quàm ad Massilienses ire malit : ille autem, si mehercules hoc, quod agit[3], nunquam antè cogitâsset, tamen latrocinantem se interfici mallet, quàm exsulem vivere. Nunc verò, quum ei nihil adhuc præter ipsius voluntatem cogitationemque acciderit, nisi quòd vivis nobis Româ profectus est, optemus potiùs ut eat in exsilium, quàm queramur.

VIII. Sed cur tamdiu de uno hoste loquimur, et de eo hoste, qui jam fatetur se esse hostem, et quem, quia, quod semper volui, murus interest, non timeo; de his, qui dissimulant, qui Romæ remanent, qui nobiscum sunt, nihil dicimus? Quos quidem ego, si ullo modo fieri possit, non tam ulcisci studeo, quàm sanare, et ipsos placare reipublicæ[4]; neque, id quare fieri non possit, si me audire volent, intelligo. Exponam enim vobis, Quirites, ex quibus generibus hominum istæ copiæ comparentur; deinde singulis medicinam consilii atque orationis meæ, si quam potero[5], afferam.

Unum genus est eorum, qui, magno in ære alieno, majores etiam possessiones habent, quarum amore adducti, dissolvi[6] nullo modo possunt. Horum hominum species est honestissima; sunt enim locupletes : voluntas verò et causa impudentissima. Tu agris, tu ædificiis, tu argento, tu familiâ, tu rebus omnibus ornatus et copiosus sis, et dubites de pos-

1. *Ne illud mihi sit invidiosum*, que cela ne m'attire de la haine.

2. *Misericors*, qui s'apitoie, qui a bon cœur, sensible.

3. *Hoc quod agit*, ce qu'il exécute aujourd'hui.

4. *Ipsos placare reipublicæ*, les réconcilier avec la république.

5. *Si quam (medicinam) potero (afferre)*.

6. *Dissolvi* a ici une double signification : il se rapporte à la fois et aux propriétés dont ils ne veulent pas se défaire et aux dettes dont ils ne peuvent être affranchis sans vendre leurs biens.

sessione detrahere, acquirere ad fidem? Quid enim exspectas? Bellum? Quid? Ergo in vastatione omnium tuas possessiones sacrosanctas futuras putas? An tabulas novas [1]? Errant, qui istas a Catilinâ exspectant. Meo beneficio tabulæ novæ proferentur, verùm auctionariæ [2]. Neque enim isti, qui possessiones habent, aliâ ratione ullâ salvi esse possunt. Quòd si maturiùs facere voluissent, neque, id quod stultissimum est, certare cum usuris fructibus prædiorum, et locupletioribus his et melioribus civibus uteremur [3]. Sed hosce homines minimè puto pertimescendos, quòd aut deduci de sententiâ possunt, aut, si permanebunt, magis mihi videntur vota facturi contra rempublicam, quàm arma laturi.

IX. Alterum genus est eorum, qui, quanquam premuntur ære alieno, dominationem tamen exspectant, rerum potiri volunt, honores, quos quietâ republicâ desperant, perturbatâ consequi se posse arbitrantur. Quibus hoc præcipiendum videtur, unum scilicet et idem, quod ceteris omnibus, ut desperent se id, quod conantur, consequi posse : primùm omnium, me ipsum vigilare, adesse, providere reipublicæ; deinde magnos animos esse in bonis viris, magnam concordiam, maximam multitudinem, magnas præterea copias militum; deos denique immortales huic invicto populo, clarissimo imperio, pulcherrimæ urbi contra tantam vim sceleris præsentes auxilium esse laturos. Quòd si jam sint id, quod cum summo furore cupiunt, adepti, num illi in cinere urbis et in sanguine civium, quæ [4] mente conscelerată ac nefariâ con-

1. *Tabulas novas*. Les dettes étaient inscrites sur des tables publiques confiées à la garde de l'État. Aussi, quand le peuple réclamait l'abolition des dettes, il le faisait en demandant l'établissement de nouvelles tables, c'est-à-dire la suppression des anciennes.

2. *Tabulæ auctionariæ*, des tables d'enchères. Lorsque les créanciers obtenaient la saisie, on annonçait aussitôt la vente des biens par des affiches apposées dans les places publiques et les lieux les plus fréquentés.

3. *Et locupletioribus... uteremur*, nous aurions, nous trouverions en eux des citoyens plus riches et meilleurs, c'est-à-dire mieux intentionnés.

4. *Quæ* se rapporte à l'incendie de Rome *(cinere urbis)* et au massacre des citoyens *(sanguine civium)*.

cupierunt; consules se ac dictatores, aut etiam reges sperant futuros? Non vident se cupere id, quod, si adepti fuerint, fugitivo alicui aut gladiatori[1] concedi sit necesse?

Tertium genus est ætate jam affectum[2], sed tamen exercitatione robustum : quo ex genere iste est Mallius, cui nunc Catilina succedit[3]. Hi sunt homines ex iis coloniis, quas Sulla constituit[4]; quas ego universas[5] civium esse optimorum et fortissimorum virorum sentio : sed tamen hi sunt coloni, qui se in insperatis repentinisque pecuniis sumptuosiùs insolentiùsque jactârunt. Hi dum ædificant, tamquam beati, dum prædiis, lecticis, familiis magnis, conviviis apparatis delectantur, in tantum æs alienum inciderunt, ut, si salvi esse velint, Sulla sit iis ab inferis excitandus. Qui etiam nonnullos agrestes, homines tenues atque egentes, in eamdem illam spem rapinarum veterum impulerunt; quos ego utrosque, Quirites, in eodem genere prædatorum direptorumque pono. Sed eos hoc moneo : desinant furere ac proscriptiones et dictaturas cogitare. Tantus enim illorum temporum dolor inustus est civitati, ut jam ista non modò homines, sed ne pecudes quidem mihi passura esse videantur.

X. Quartum genus est sanè varium, et mixtum, et turbulentum : qui jampridem premuntur[6], qui nunquam emergent; qui partim inertiâ, partim malè gerendo negotio, partim etiam sumptibus, in vetere ære alieno vacillant; qui vadimoniis, judiciis, proscriptionibus bonorum[7] defatigati, permulti

1. *Fugitivo, gladiatori*. Catilina avait adjoint à son armée des esclaves et des gladiateurs.

2. *Tertium genus..... affectum*, équivaut à : *Tertium genus est hominum ætate jam affectorum. Ætate affectus*, qui est sur le déclin de l'âge, qui commence à vieillir, et non pas *accablé par l'âge*.

3. *Cui Catilina succedit*, que Catilina remplace (dans le commandement de l'armée d'Etrurie).

4. *Quas Sulla constituit*. Sylla, devenu maître de Rome, avait récompensé bon nombre de ses partisans en les établissant comme colons dans des villes d'Italie, et en leur partageant les biens des anciens habitants.

5. *Universas*, en général.

6. *Quartum genus est sanè varium... (et est eorum) qui jampridem premuntur*.

7. On appelait *proscriptio bonorum* l'annonce de la vente des biens. Voy. la note 2 de la page 32.

et ex urbe et ex agris se in illa castra conferre dicuntur. Hosce ego non tam milites acres, quàm inficiatores lentos[1] esse arbitror. Qui homines primùm si stare non possunt, corruant, sed ita, ut non modò civitas, sed ne vicini quidem proximi sentiant. Nam illud non intelligo, quamobrem, si vivere honestè non possunt, perire turpiter velint, aut cur minore dolore perituros se cum multis, quàm si soli pereant, arbitrentur.

Quintum genus est parricidarum, sicariorum, denique omnium facinorosorum : quos ego a Catilinâ non revoco; nam neque divelli ab eo possunt ; et pereant sanè in latrocinio, quoniam sunt ita multi, ut eos capere carcer non possit. Postremum autem genus est, non solùm numero, verùm etiam genere ipso atque vitâ[2], quod proprium est Catilinæ, de ejus delectu, imò verò de complexu ejus ac sinu[3] : quos pexo capillo, nitidos, aut imberbes aut bene barbatos[4], videtis, manicatis et talaribus tunicis[5], velis amictos, non togis ; quorum omnis industria vitæ et vigilandi labor in antelucanis cœnis expromitur. In his gregibus omnes aleatores, omnes adulteri, omnes impuri impudicique versantur. Hi pueri tam lepidi ac delicati non solùm amare et amari, neque psallere et saltare, sed etiam sicas vibrare et spargere venena didicerunt ; qui nisi exeunt, nisi pereunt, etiam si Catilina perierit, scitote hoc in republicâ seminarium Catilinarium[6] futurum. Verumtamen quid

1. *Inficiatores*, débiteurs de mauvaise foi, qui nient leur dette; *lentos*, nonchalants, qui ne s'émeuvent de rien, d'aucun affront, impassibles, apathiques.

2. *Genere ipso atque vitâ*, par l'espèce même des individus (que comprend cette dernière classe) et par leur genre de vie.

3. *De complexu ac sinu* désigne les personnes tout à fait intimes, familièrement, celles qu'on porte dans son cœur. Cicéron dit ailleurs de son frère : *Iste verò sit in sinu semper et complexu meo.*

4. *Imberbes aut bene barbatos.* On laissait généralement croître sa barbe jusqu'à vingt ou vingt-cinq ans ; alors on la rasait, et beaucoup même, par raffinement, se la faisaient arracher. Les soins minutieux que certains jeunes gens prenaient de leur barbe étaient regardés comme un signe de mollesse.

5. *Manicatis et talaribus tunicis.* Les femmes et les hommes efféminés portaient seuls des tuniques à manches et tombant au-dessous du genou.

6. *Seminarium Catilinarium*, une pépinière de Catilinas.

sibi isti miseri volunt? Num suas secum mulierculas sunt in castra ducturi? Quemadmodum autem illis carere poterunt, his præsertim jam noctibus[1]? Quo autem pacto illi Apenninum atque illas pruinas ac nives perferent? nisi idcirco se faciliùs hiemem toleraturos putant, quòd nudi in conviviis saltare didicerunt.

XI. O bellum magnopere pertimescendum, quum hanc sit habiturus Catilina scortorum[2] cohortem prætoriam! Instruite nunc, Quirites, contra has tam præclaras Catilinæ copias vestra præsidia vestrosque exercitus; et primùm gladiatori illi confecto et saucio consules imperatoresque vestros opponite; deinde, contra illam naufragorum ejectam ac debilitatam manum, florem totius Italiæ ac robur educite. Jam verò urbes coloniarum ac municipiorum[3] respondebunt[4] Catilinæ tumulis silvestribus[5]. Neque verò ceteras copias, ornamenta, præsidia vestra, cum illius latronis inopiâ atque egestate debeo conferre.

Sed si, omissis his rebus omnibus, quibus nos suppeditamus, eget ille, senatu, equitibus romanis, populo, urbe, ærario, vectigalibus, cunctâ Italiâ, provinciis omnibus, exteris nationibus; si, inquam, his rebus omissis, ipsas causas, quæ inter se confligunt, contendere velimus, ex eo ipso, quam valde illi jaceant, intelligere possumus. Ex hâc enim parte pudor pugnat, illinc petulantia; hinc pudicitia, illinc stuprum; hinc fides, illinc fraudatio; hinc pietas, illinc scelus; hinc constantia, illinc furor; hinc honestas, illinc turpitudo; hinc continentia, illinc libido: denique æquitas, temperantia, fortitudo, prudentia, virtutes omnes certant cum iniquitate, cum luxuriâ, cum ignaviâ, cum temeritate, cum vitiis omnibus; postremò

1. *His jam noctibus*. On était alors dans les premiers jours de novembre, c'est-à-dire dans les nuits longues et froides de l'année.

2. *Scortorum*; des débauchés, des hommes impudiques.

3. Les villes des colonies étaient romaines d'origine; les municipes étaient des villes de pays conquis, qu'on avait gratifiées du droit de cité romaine.

4. *Respondebunt*; répondre à, c'est-à-dire suffire à, valoir, être de force avec, pouvoir maintenir, contenir.

5. *Tumulis silvestribus*. Catilina avait pris position sur des hauteurs boisées

copia cum egestate, bona ratio cum perditâ, mens sana cum amentiâ, bona denique spes cum omnium rerum desperatione confligit. In hujus modi certamine ac prœlio, nonne, etiam si hominum studia deficiant, dii ipsi immortales cogent ab his præclarissimis virtutibus tot et tanta vitia superari?

XII. Quæ quum ita sint, Quirites, vos, quemadmodum jam antea[1], vestra tecta custodiis vigiliisque defendite; mihi[2], ut urbi sinè vestro motu ac sinè ullo tumultu[3] satis esset præsidii, consultum ac provisum est. Coloni omnes municipesque vestri, certiores a me facti de hâc nocturnâ excursione Catilinæ[4], facilè urbes suas finesque defendent; gladiatores, quam sibi ille maximam manum et certissimam fore putavit, quanquam meliore animo sunt quàm pars patriciorum, potestate tamen nostrâ continebuntur. Q. Metellus, quem ego, prospiciens hoc, in agrum Gallicanum Picenumque præmisi, aut opprimet hominem[5], aut omnes ejus motus conatusque prohibebit. Reliquis autem de rebus constituendis, maturandis, agendis, jam ad senatum referemus, quem vocari videtis.

Nunc illos, qui in urbe remanserunt, atque adeò qui contra urbis salutem omniumque vestrûm in urbe a Catilinâ relicti sunt, quanquam sunt hostes, tamen, quia nati sunt cives, monitos eos etiam atque etiam volo[6]. Mea lenitas adhuc si cui solutior visa est, hoc exspectavit, ut id, quod latebat, erumperet. Quod reliquum est, jam non possum oblivisci meam hanc esse patriam, me horum esse consulem, mihi aut cum his vivendum, aut pro his esse moriendum. Nullus est portæ custos, nullus insidiator viæ; si qui exire volunt, consulere sibi possunt: qui verò in urbe se commoverit, cujus ego non modò factum, sed inceptum ullum conatumve contra patriam deprehendero, sentiet in hâc urbe esse consules vigilan-

1. *Quemadmodum jam antea (defendistis).* Voyez le début du premier discours.

2. *Mihi* équivaut à *a me*, et doit se joindre à *consultum et provisum est*, il a été pourvu par moi...

3. *Tumultu*; agitation publique.

4. *Nocturnâ excursione Catilinæ*; le départ de Catilina dans la nuit qui avait suivi la séance du sénat où fut prononcé le premier discours.

5. *Hominem*, Catilina.

6. *Monitos eos (esse) volo.*

tes, esse egregios magistratus, esse fortem senatum, esse arma, esse carcerem; quem vindicem nefariorum ac manifestorum scelerum majores nostri esse voluerunt.

XIII. Atque hæc omnia sic agentur, Quirites, ut res maximæ minimo motu, pericula summa nullo tumultu, bellum intestinum ac domesticum post hominum memoriam crudelissimum ac maximum, me uno togato[1] duce et imperatore, sedetur. Quod ego sic administrabo, Quirites, ut, si ullo modo fieri poterit, ne improbus quidem quisquam in hâc urbe pœnam sui sceleris sufferat. Sed si vis manifestæ audaciæ, si impendens patriæ periculum me necessariò de hâc animi lenitate deduxerit, illud profectò perficiam, quod in tanto et tam insidioso bellò vix optandum videtur, ut neque bonus quisquam intereat, paucorumque pœnâ vos jam omnes salvi esse possitis.

Quæ quidem ego neque meâ prudentiâ, neque humanis consiliis fretus polliceor vobis, Quirites, sed multis et non dubiis deorum immortalium significationibus[2], quibus ego ducibus in hanc spem sententiamque sum ingressus; qui jam non procul, ut quondam solebant, ab externo hoste atque longinquo, sed hic præsentes suo numine atque auxilio sua templa atque urbis tecta defendunt; quos vos, Quirites, precari, venerari atque implorare debetis, ut, quam urbem pulcherrimam, florentissimam potentissimamque esse voluerunt. hanc, omnibus hostium copiis terrâ marique superatis, a perditissimorum civium nefario scelere defendant.

1. *Togato*; vêtu de la toge. La toge était l'habit de la paix, le costume des fonctions civiles; l'habit de guerre s'appelait *sagum*.

2. *Significationibus;* les prodiges par lesquels les dieux manifestaient leurs volontés et leurs dispositions favorables ou contraires.

ARGUMENT ANALYTIQUE

DU TROISIÈME DISCOURS CONTRE CATILINA.

Aussitôt que l'on eut appris à Rome que Catilina s'était, en effet, rendu au camp de Fésules, le sénat le déclara ennemi public ainsi que Mallius, et donna l'ordre aux consuls de lever de nouvelles troupes. Antoine fut chargé d'aller attaquer les rebelles, pendant que Métellus leur fermerait le chemin de la Gaule, et que Cicéron veillerait à la sûreté de la ville. Mais Lentulus, Céthégus et les autres conjurés, obéissant aux instructions de leur chef, se préparaient à livrer Rome au massacre et à l'incendie, au moment où Catilina s'en approcherait lui-même, à la tête de toutes ses forces. Une circonstance qu'ils crurent favorable à leurs projets devint, au contraire, l'occasion de leur perte.

Il y avait en ce moment à Rome des députés des Allobroges, peuples de la Gaule, venus pour implorer la justice du sénat contre l'avarice des magistrats romains. Leurs efforts étant restés jusque-là sans succès, Lentulus voulut exploiter leur mécontentement, et, pour les attirer dans la conjuration, leur fit les plus brillantes promesses. Ceux-ci, après s'être engagés d'abord, se décidèrent à livrer le secret à Q. Fulvius Sanga, patron de leur cité. Le consul, instruit par ce dernier, prit les mesures nécessaires pour faire tomber entre ses mains les preuves irrécusables du complot; il y réussit dans la nuit du 2 au 3 décembre, et manda aussitôt les principaux conjurés, qui se rendirent sans défiance à son appel. Il les conduisit au temple de la Concorde, où il avait convoqué le sénat, et les confrontant avec les députés des Allobroges, il produisit leurs lettres et les confondit par leurs propres aveux. Le sénat prononça aussitôt la détention des coupables, décerna des récompenses aux Allobroges, et ordonna des actions de grâces aux dieux dans tous les temples.

Ce fut après cette séance et vers la fin du jour, que Cicéron se rendit au forum et monta à la tribune pour rendre compte au peuple de tous ces événements.

Ce discours fut prononcé le 3 décembre, vingt-quatre jours après le précédent

I. L'orateur se félicite d'abord et félicite les citoyens de ce que Rome vient d'échapper au plus terrible danger qu'elle eût jamais couru. C'est à lui que la patrie doit son salut.

II. Il commence ensuite le récit des derniers événements, à dater du départ forcé de Catilina. Il a entouré de sa vigilance les complices restés à Rome ; il a découvert les tentatives de Lentulus auprès des Allobroges. Instruit que des lettres leur avaient été confiées pour Catilina, il a pris ses mesures afin que ces pièces importantes tombassent entre ses mains. Deux préteurs ont été chargés par lui d'aller attendre les Allobroges à leur passage sur le pont Milvius et de s'emparer d'eux par la force.

III. Informé du succès de l'attaque, le consul a fait venir chez lui les principaux conjurés, et de là les a conduits au temple de la Concorde, où il avait convoqué le sénat. Pendant ce temps, le préteur Sulpicius allait saisir dans la maison de Céthégus les armes que l'on y savait réunies.

IV et V. Confrontation des Allobroges et des accusés devant le sénat ; interrogatoire au sujet des lettres ; aveux et confusion des accusés.

VI. Délibération et décret du sénat, qui décerne des éloges au consul pour son courage et sa vigilance, ordonne d'enfermer les conjurés et prescrit des actions de grâces aux dieux en l'honneur de Cicéron.

VII. Quel doit être à cette heure le découragement de Catilina ! S'il était resté à Rome, son habileté supérieure aurait accumulé les dangers, et son audace, plus énergique que celle de ses complices, aurait précipité l'exécution de ses projets, plutôt que de les laisser si facilement prévoir et prévenir.

VIII. Mais la république, sauvée du plus sérieux péril, doit moins au zèle et au dévouement de son consul qu'à la protection des dieux, dont la faveur s'est manifestée par tant de prodiges. L'orateur rappelle, à cette occasion, les prédictions faites deux années auparavant par les aruspices, le conseil donné par eux d'ériger à Jupiter une nouvelle statue qui, jusqu'à ce jour, n'avait pu être terminée encore.

IX. C'est au moment même où l'on dressait la statue à la place indiquée par les aruspices, que les conjurés se trouvaient contraints d'avouer leur crime. Pourrait-on douter encore de l'intervention du dieu? Lui seul pouvait sauver Rome par l'entremise d'un peuple plus disposé à combattre la république qu'à la servir

X. Que les Romains remercient donc ces dieux protecteurs qui les ont préservés, sans combat et sans trouble, de la plus terrible catastrophe. Qu'ils se rappellent tant de sang versé dans les guerres de Marius et de Sylla, et dans les autres dissensions civiles, qui n'avaient cependant pour but que de changer la forme du gouvernement, tandis que pas une goutte de sang n'a coulé dans une guerre qui devait anéantir la république.

XI. Pour prix de son dévouement, Cicéron ne demande qu'une place dans le souvenir de ses concitoyens et de la postérité; c'est à ce souvenir qu'il confie les intérêts de sa gloire, associée désormais à celle de Pompée.

XII. Il a la confiance aussi que les bons citoyens voudront le défendre contre les entreprises des méchants. D'ailleurs il saura résister lui-même à leur audace; il ne cessera de les poursuivre, et, redevenu homme privé, il saura soutenir et honorer la renommée de son consulat.

ORATIO TERTIA

IN L. CATILINAM.

I. Rempublicam, Quirites, vitamque omnium vestrûm, bona, fortunas, conjuges liberosque vestros, atque hoc domicilium clarissimi imperii, fortunatissimam pulcherrimamque urbem, hodierno die, deorum immortalium summo erga vos amore, laboribus, consiliis periculisque meis, ex flammâ atque ferro, ac penè ex faucibus fati ereptam[1], et vobis conservatam ac restitutam videtis.

Et, si non minùs nobis jucundi atque illustres sunt ii dies, quibus conservamur, quàm illi, quibus nascimur[2], quòd salutis certa lætitia est, nascendi incerta conditio[3], et quòd sinè sensu nascimur[4], cum voluptate servamur; profectò, quoniam illum, qui hanc urbem condidit, Romulum, ad deos immortales benevolentiâ[5] famâque sustulimus, esse apud vos posterosque vestros in honore debebit is, qui eamdem hanc urbem conditam amplificatamque servavit. Nam toti urbi, templis, delubris, tectis ac mœnibus subjectos propè jam ignes circumdatosque restinximus; iidemque gladios in rempublicam destrictos retudimus, mucronesque eorum a jugulis vestris dejecimus.

1. *Ex faucibus fati ereptam*, arrachée au gosier du destin, c'est-à-dire à une destruction, à une ruine imminente.

2. *Illi dies, quibus nascimur*. Le jour de la naissance d'un enfant était un jour de fête pour toute la famille. Les Romains célébraient aussi l'anniversaire de la naissance par des prières, des offrandes aux dieux domestiques, et des présents mutuels, sorte d'étrennes.

3. *Nascendi conditio*, les conditions auxquelles l'existence nous est donnée.

4. *Sinè sensu nascimur*, nous naissons sans en avoir le sentiment.

5. *Benevolentiâ*; l'amour, la reconnaissance.

Quæ, quoniam in senatu illustrata, patefacta, comperta sunt per me ; vobis jam exponam breviter, Quirites, ut et quanta, et quàm manifesta, et quâ ratione investigata et comprehensa sint, vos, qui ignoratis et exspectatis, scire possitis.

II. Principio, ut Catilina paucis antè diebus[1] erupit ex urbe, quum sceleris sui socios, hujusce nefarii belli acerrimos duces, Romæ reliquisset, semper vigilavi et providi, Quirites, quemadmodum in tantis et tam absconditis insidiis salvi esse possemus. Nam tum, quum ex urbe Catilinam ejiciebam (non enim jam vereor hujus verbi invidiam[2], quum illa magis sit timenda, quòd vivus exierit), sed tum, quum illum exterminari volebam, aut reliquam conjuratorum manum simul exituram[3], aut eos, qui restitissent, infirmos sinè illo ac debiles fore putabam.

Atque ego, ut vidi, quos maximo furore et scelere esse inflammatos sciebam, eos nobiscum esse, et Romæ remansisse, in eo omnes dies noctesque consumpsi, ut, quid agerent, quid molirentur, sentirem ac viderem, ut, quoniam auribus vestris, propter incredibilem magnitudinem sceleris, minorem fidem faceret oratio mea, rem ita comprehenderem, ut tum demum animis saluti vestræ provideretis, quum oculis maleficium ipsum videretis. Itaque ut comperi[4] legatos Allobrogum[5], belli Transalpini[6] et tumultûs Gallici[7] excitandi causâ, a P. Lentulo esse sollicitatos, eosque in Galliam ad suos cives, eodemque

1. *Paucis antè diebus*. Catilina était sorti de Rome la nuit qui suivit le jour où Cicéron avait prononcé dans le sénat son premier discours.

2. *Hujus verbi invidiam*, la haine que peut soulever ce mot : *chasser* un citoyen de la ville, sans jugement, sans condamnation.

3. *Exituram (esse)*.

4. *Ut comperi*. Cicéron avait tout appris par Fulvius Sanga, patron des Allobroges.

5. *Legatos Allobrogum*. Les Allobroges, peuple encore mal soumis, avaient envoyé des députés au sénat pour réclamer contre la tyrannie et contre les exactions de leurs préteurs.

6. *Belli Transalpini ;* une guerre (dans la Gaule) au delà des Alpes.

7. *Tumultûs Gallici ;* un soulèvement de la Gaule (en deçà des Alpes). On appelait *tumultus* les révoltes subites qui éclataient dans l'Italie, *tumultus Italicus*, ou encore dans la Gaule cisalpine, à cause de sa proximité du territoire italien.

itinere[1] cum litteris mandatisque ad Catilinam esse missos, comitemque iis adjunctum T. Vulturcium[2], atque huic datas esse ad Catilinam litteras, facultatem mihi oblatam putavi, ut, quod erat difficillimum, quodque ego semper optabam a diis immortalibus, tota res non solùm a me, sed etiam a senatu et a vobis manifestò deprehenderetur.

Itaque hesterno die L. Flaccum et C. Pomptinum, prætores, fortissimos atque amantissimos reipublicæ viros, ad me vocavi; rem omnem exposui; quid fieri placeret[3], ostendi. Illi autem, qui omnia de republicâ præclara atque egregia sentirent[4], sinè recusatione ac sinè ullâ morâ negotium susceperunt, et, quum advesperasceret, occultè ad pontem Milvium[5] pervenerunt, atque ibi in proximis villis ita bipartitò fuerunt, ut Tiberis inter eos et pons interesset. Eòdem autem et ipsi, sinè cujusquam suspicione, multos fortes viros eduxerunt, et ego ex præfecturâ Reatinâ[6] complures delectos adolescentes, quorum operâ in republicâ assiduè utor[7], præsidio cum gladiis miseram.

Interim tertiâ ferè vigiliâ exactâ[8], quum jam pontem Milvium magno comitatu legati Allobrogum ingredi inciperent, unàque Vulturcius, fit in eos impetus; educuntur et ab illis gladii, et a nostris. Res[9] erat prætoribus nota solis, ignorabatur a ceteris.

1. *Eodem itinere*. Pour retourner en Gaule, les députés devaient passer par l'Etrurie, où était le camp de Catilina.

2. Vulturcius de Crotone, auquel le sénat décerna une grande récompense.

3. *Quid placeret (mihi) fieri.*

4. *Qui omnia de republicâ præclara sentirent*, animés pour la patrie des plus nobles sentiments.

5. Le pont Milvius, à deux milles de Rome, sur le Tibre, avait été bâti par Emilius Scaurus. C'est là que Maxime fut vaincu par Constantin.

6. Réate, ville d'Ombrie, sur les confins du pays des Sabins, à quinze milles de Rome. On appelait *préfectures* les villes *municipales* ou *fédérées* qui, à la suite de révoltes ou de trahisons, avaient été privées du droit de cité et de leur gouvernement propre. Rome y envoyait un préfet chargé de rendre la justice.

7. *Quorum operâ in republicâ utor*, que j'emploie pour assurer le repos public.

8. *Tertiâ ferè vigiliâ exactâ*. En hiver, la troisième veille finissait à quatre heures du matin.

9. *Res*, l'objet de l'attaque, le secret de l'entreprise.

III. Tum, interventu Pomptini atque Flacci, pugna, quæ erat commissa, sedatur. Litteræ, quæcumque erant in eo comitatu, integris signis, prætoribus traduntur; ipsi[1] comprehensi, ad me, quum jam dilucesceret, deducuntur. Atque horum omnium scelerum improbissimum machinatorem, Cimbrum Gabinium[2], statim ad me, nihildum suspicantem, vocavi. Deinde item arcessitur L. Statilius, et post eum C. Cethegus. Tardissimè autem Lentulus venit, credo quòd litteris dandis, præter consuetudinem[3], proximâ nocte vigilârat.

Quum verò summis ac clarissimis hujus civitatis viris, qui, auditâ re, frequentes ad me manè convenerant, litteras a me priùs aperiri, quàm ad senatum deferri, placeret, ne, si nihil esset inventum, temerè[4] a me tantus tumultus injectus civitati videretur, negavi me esse facturum, ut de periculo publico non ad consilium publicum rem integram deferrem. Etenim, Quirites, si ea, quæ erant ad me delata, reperta non essent, tamen ego non arbitrabar in tantis reipublicæ periculis mihi esse nimiam diligentiam pertimescendam[5]. Senatum frequentem celeriter, ut vidistis, coegi. Atque interea statim, admonitu Allobrogum, C. Sulpicium, prætorem, fortem virum, misi, qui ex ædibus Cethegi, si quid telorum esset, efferret : ex quibus ille maximum sicarum numerum et gladiorum extulit.

IV. Introduxi Vulturcium sinè Gallis; fidem ei publicam, jussu senatûs, dedi[6]; hortatus sum, ut ea, quæ sciret, sinè timore indicaret. Tum ille, quum vix se ex magno timore recreâsset, dixit, a P. Lentulo se habere ad Catilinam mandata

1. *Ipsi*, les Allobroges et leur escorte.

2. Gabinius Cimber fut l'un des conjurés qui subirent le dernier supplice.

3. *Præter consuetudinem*. Dans Salluste (*Catilina*, LVIII), Catilina attribue hautement le mauvais succès de la conjuration à la paresse et à l'indolence de Lentulus.

4. *Temerè*, sans raison, étourdiment.

5. *Mihi esse.... pertimescendam*, que je dusse craindre un excès de zèle, c'est-à-dire que je dusse craindre qu'on me reprochât un excès de zèle.

6. *Fidem ei publicam dedi*, je lui donnai la parole publique, c'est-à-dire je lui promis l'impunité.

et litteras, ut servorum præsidio uteretur[1], et ad urbem quàm primùm cum exercitu accederet; id autem eo consilio, ut, quum urbem omnibus ex partibus, quemadmodum descriptum distributumque erat, incendissent, cædemque infinitam civium fecissent, præstò esset ille, qui et fugientes exciperet, et se cum his urbanis ducibus[2] conjungeret.

Introducti autem Galli jusjurandum sibi et litteras a P. Lentulo, Cethego, Statilio ad suam gentem datas esse dixerunt, atque ita sibi ab his et a L. Cassio[3] esse præscriptum, ut equitatum in Italiam quàm primùm mitterent; pedestres sibi[4] copias non defuturas; Lentulum autem sibi[5] confirmâsse ex fatis Sibyllinis[6] haruspicumque responsis, se esse tertium illum Cornelium, ad quem regnum hujus urbis atque imperium pervenire esset necesse; Cinnam ante se et Sullam fuisse; eumdemque dixisse[7], fatalem hunc esse annum ad interitum hujus urbis atque imperii, qui esset decimus annus post virginum absolutionem[8], post Capitolii autem incensionem[9] vicesimus. Hanc autem Cethego cum ceteris controversiam fuisse dixerunt, quòd Lentulo et aliis cædem Saturnalibus[10] fieri atque urbem incendi placeret; Cethego nimiùm id[11] longum videri.

V. Ac, ne longum sit[12], Quirites, tabellas proferri jussimus,

1. *Ut servorum præsidio* (*Catilina*) *uteretur.*

2. *Urbanis ducibus*; les chefs de la conjuration à Rome.

3. Cassius avait été compétiteur de Cicéron pour le consulat.

4. *Sibi*, aux conjurés.

5. *Sibi*, aux Gaulois.

6. *Fatis Sibyllinis*: les livres Sibyllins, collection d'oracles confiée à la garde de quinze prêtres. Ils portaient, disait-on, que CCC régneraient successivement à Rome, et ces initiales pouvaient désigner trois Cornélius.

7. *Eumdemque* (*Lentulum*) *dixisse*, qu'il avait dit encore.

8. *Decimus... absolutionem.* Fabia, belle-sœur de Cicéron, et plusieurs autres vestales, accusées d'avoir violé leur vœu, furent absoutes sur la plaidoirie de Pison.

9. Le Capitole, détruit par un incendie, l'an de Rome 670, sous le consulat de L. Scipion et de C. Norbanus, avait été rebâti par Q. Catulus.

10. *Saturnalibus*. La fête des Saturnales commençait le 16e jour des calendes de janvier, et durait cinq ou sept jours. Rome était alors dans le désordre.

11. *Id*, ce terme, ce délai.

12. *Ne longum sit*, pour abréger.

quæ a quoque dicebantur datæ[1]. Primùm ostendimus Cethego signum : cognovit. Nos linum incidimus[2]; legimus. Erat scriptum ipsius manu Allobrogum senatui et populo, sese, quæ eorum legatis confirmâsset, esse facturum ; orare, ut item illi[3] facerent, quæ sibi legati eorum recepissent[4]. Tum Cethegus, qui paulò antè aliquid tamen de gladiis ac sicis, quæ apud ipsum erant deprehensæ, respondisset, dixissetque, se semper bonorum ferramentorum studiosum[5] fuisse, recitatis litteris debilitatus atque abjectus, conscientiâ convictus, repente conticuit. Introductus est Statilius : cognovit et signum et manum suam. Recitatæ sunt tabellæ in eamdem ferè sententiam[6]: confessus est. Tum ostendi tabellas Lentulo, et quæsivi, cognosceretne signum : annuit. « Est verò, inquam, signum notum, imago avi tui[7], clarissimi viri, qui amavit unicè[8] patriam et cives suos ; quæ quidem te a tanto scelere etiam muta revocare debuit[9]. »

Leguntur eâdem ratione ad senatum Allobrogum populumque litteræ. Si quid de his rebus dicere vellet, feci potestatem. Atque ille primò quidem negavit ; pòst autem aliquantò, toto jam indicio exposito atque edito, surrexit ; quæsivit a Gallis, quid sibi esset cum iis, quamobrem domum suam venissent, itemque a Vulturcio[10]. Qui quum illi breviter constanterque respondissent, per quem[11] ad eum quotiesque venissent, quæsissentque ab eo, nihilne secum esset de fatis Sibyllinis locutus, tum ille subitò, scelere demens, quanta conscientiæ vis esset ostendit. Nam, quum id posset inficiari, repente præter opi-

1. *Quæ dicebantur datæ* (*esse legatis*) *a quoque* (*conjuratorum*).

2. *Linum incidimus*, nous coupâmes le fil. La lettre une fois pliée, on passait de part en part un fil dont on arrêtait les deux bouts au moyen d'une plaque de cire, sur laquelle on imprimait son cachet.

3. *Illi*, les Allobroges.

4. *Sibi recepissent ;* prendre sur soi, promettre.

5. *Bonorum ferramentorum studiosum ;* amateur de bonnes lames.

6. *Tabellæ in eamdem sententiam*, lettre conçue dans le même esprit.

7. P. Lentulus, prince du sénat, qui avait lutté les armes à la main contre C. Gracchus.

8. *Unicè*, d'une manière rare, toute particulière.

9. *Debuit* équivaut à *debuisset*.

10. *Itemque* (*quæsivit*) *a Vulturcio*.

11. *Per quem*. Cet intermédiaire était P. Umbrénus.

nionem omnium confessus est. Ita eum non modò ingenium illud, et dicendi exercitatio [1], quâ semper valuit, sed etiam, propter vim sceleris manifesti atque deprehensi, impudentia, quâ superabat omnes, improbitasque defecit.

Vulturcius vero subitò proferri litteras atque aperiri jussit, quas sibi a Lentulo ad Catilinam datas esse dicebat. Atque ibi vehementissimè perturbatus Lentulus, tamen et signum suum et manum cognovit. Erant autem scriptæ sinè nomine [2], sed ita : « Qui sim, ex eo, quem ad te misi, scies. Cura ut vir sis, et quem in locum sis progressus [3] cogita, et vide quid jam tibi sit necesse. Cura ut omnium tibi auxilia adjungas, etiam infimorum [4]. » Gabinius deinde introductus, quum primò impudenter respondere cœpisset, ad extremum nihil ex iis, quæ Galli insimulabant, negavit.

Ac mihi quidem [5], Quirites, quum illa certissima sunt visa argumenta atque indicia sceleris, tabellæ, signa, manus, denique uniuscujusque confessio, tum multò illa certiora [6], color, oculi, vultus, taciturnitas. Sic enim obstupuerant, sic terram intuebantur, sic furtim nonnunquam inter se adspiciebant, ut non jam ab aliis indicari, sed indicare se ipsi viderentur.

VI. Indiciis expositis atque editis, Quirites, senatum consului, de summâ republicâ quid fieri placeret. Dictæ sunt a principibus [7] acerrimæ ac fortissimæ sententiæ, quas senatus sine ullâ varietate est consecutus. Et quoniam nondum est

1. *Dicendi exercitatio*, le talent de la parole. Cicéron, dans son *Brutus*, met Lentulus au rang des premiers orateurs.

2. *Sinè nomine*, sans nom, c'est-à-dire sans signature. On sait toutefois que la signature des anciens consistait simplement dans cette formule qui se plaçait en tête de la lettre : *Cicéron à Atticus*, ou *à son cher Atticus, salut.*

3. *Quem in locum sis progressus*, à quelle position tu t'es avancé, c'est-à-dire quel pas tu as fait, jusqu'où tu t'es engagé.

4. *Infimorum* désigne sans doute les esclaves.

5. *Ac mihi quidem, etc.* Le sens de la phrase est : Si les preuves matérielles me parurent irrécusables, je trouvai des indices encore bien plus sûrs dans l'attitude des coupables.

6. *Tum illa* (*argumenta atque indicia sceleris*) *multò certiora* (*mihi sunt visa*).

7. *Principibus*; ceux qui donnaient les premiers leur avis : c'étaient les anciens consuls et les consuls désignés.

perscriptum senatusconsultum, ex memoriâ vobis, Quirites, quid senatus censuerit, exponam.

Primùm mihi gratiæ verbis amplissimis aguntur, quòd virtute, consilio, providentiâ meâ, respublica periculis sit maximis liberata; deinde L. Flaccus et C. Pomptinus, prætores, quòd eorum operâ forti fidelique usus essem[1], meritò ac jure laudantur, atque etiam viro forti, collegæ meo[2], laus impertitur, quòd eos, qui hujus conjurationis participes fuissent, a suis et a reipublicæ consiliis removisset. Atque ita censuerunt[3], ut P. Lentulus, quum se præturâ abdicâsset, tum in custodiam traderetur[4], itemque uti C. Cethegus, L. Statilius, P. Gabinius, qui omnes præsentes erant, in custodiam traderentur; atque idem hoc decretum est in L. Cassium, qui sibi procurationem incendendæ urbis depoposcerat; in M. Cæparium, cui ad sollicitandos pastores Apuliam esse attributam erat indicatum; in P. Furium, qui est ex his colonis, quos Fesulas L. Sulla deduxit; in Q. Manlium Chilonem, qui unà cum hoc Furio semper erat in hâc Allobrogum sollicitatione versatus; in P. Umbrenum, libertinum hominem, a quo primum Gallos ad Gabinium perductos esse constabat. Atque eâ lenitate senatus est usus, Quirites, ut ex tantâ conjuratione, tantâque vi ac multitudine domesticorum hostium, novem hominum[5] perditissimorum pœnâ, republicâ conservatâ, reliquorum mentes sanari posse arbitraretur.

Atque etiam supplicatio diis immortalibus pro singulari eorum merito meo nomine decreta est, Quirites, quod mihi primùm post hanc urbem conditam togato[6] contigit; et his

1. *Quòd eorum... usus essem*, mot à mot, parce que j'avais fait usage de leur appui courageux et fidèle, c'est-à-dire pour l'appui ferme et fidèle que j'ai trouvé en eux.

2. Ce collègue était Antoine.

3. *Censuerunt* a pour sujet sous-entendu *senatores*.

4. *In custodiam traderetur*, fût mis en état de détention. *Custodia* est la détention libre, qui consistait en un séjour dans la maison d'un sénateur ou d'un magistrat qu'on chargeait de garder le prévenu.

5. *Novem hominum.* Salluste ne nomme que cinq conjurés mis à mort, et Cicéron dit lui-même, dans son *Plaidoyer pour Sylla*, que les quatre autres ne purent être arrêtés.

6. *Togato.* Les supplications n'avaient jusqu'alors été décrétées que pour remercier les dieux d'une grande victoire.

decreta verbis est, QUÒD URBEM INCENDIIS, CÆDE CIVES, ITALIAM BELLO LIBERASSEM. Quæ supplicatio si cum ceteris supplicationibus conferatur, Quirites, hoc intersit, quòd ceteræ bene gestâ, hæc una, conservatâ republicâ, constituta est. Atque illud, quod faciendum primum fuit, factum atque transactum est. Nam P. Lentulus, quanquam, patefactus indiciis et confessionibus suis, judicio senatus non modò prætoris jus, verùm etiam civis amiserat, tamen magistratu se abdicavit, ut, quæ religio C. Mario, clarissimo viro, non fuerat, quominus C. Glauciam[1], de quo nihil nominatim erat decretum, prætorem occideret, eâ nos religione in privato P. Lentulo puniendo liberaremur.

VII. Nunc, quoniam, Quirites, sceleratissimi periculosissimique belli nefarios duces captos jam et comprehensos tenetis, existimare debetis omnes Catilinæ copias, omnes spes atque opes, his depulsis urbis periculis, concidisse. Quem quidem ego quum ex urbe pellebam, hoc providebam animo, Quirites, remoto Catilinâ, nec mihi esse P. Lentuli somnum[2], nec L. Cassii adipem[3], nec C. Cethegi furiosam temeritatem pertimescendam. Ille erat unus timendus ex his omnibus, sed tamdiu, dum mœnibus urbis continebatur. Omnia nôrat, omnium aditus tenebat[4]; appellare[5], tentare, sollicitare poterat, audebat; erat ei consilium ad facinus aptum; consilio autem neque lingua neque manus deerat. Jam ad certas res conficiendas certos homines[6] delectos ac descriptos habebat. Neque verò, quum aliquid mandaverat, confectum putabat. Nihil erat, quod non ipse obiret, occurreret, vigilaret, laboraret; frigus, sitim, famem ferre poterat.

Hunc ego hominem tam acrem, tam paratum, tam auda-

1. C. Servilius Glaucia, que Cicéron appelle simplement Servilius dans le second chapitre du premier discours.

2. *Somnum;* le sommeil, c'est-à-dire l'indolence.

3. *Adipem;* la graisse, c'est-à-dire la pesanteur.

4. *Omnium aditus tenebat*, il avait accès partout.

5. *Appellare*, adresser la parole, aborder.

6. *Certos homines*, non pas des hommes *sûrs*, mais *certains* hommes, des hommes choisis et désignés d'avance.

cem, tam callidum, tam in scelere vigilantem, tam in perditis rebus diligentem, nisi ex domesticis insidiis in castrense latrocinium compulissem (dicam id, quod sentio, Quirites), non facilè hanc tantam molem mali a cervicibus vestris depulissem. Non ille nobis Saturnalia constituisset[1], neque tantò antè exitii ac fati diem reipublicæ denuntiasset, neque commisisset, ut signum, ut litteræ suæ, testes denique manifesti sceleris deprehenderentur. Quæ[2] nunc, illo absente, sic gesta sunt, ut nullum in privatâ domo furtum unquam sit tam palàm inventum, quàm hæc tanta in republicâ conjuratio manifestò inventa atque deprehensa est. Quòd si Catilina in urbe ad hanc diem remansisset, quanquam, quoad fuit[3], omnibus ejus consiliis occurri atque obstiti, tamen, ut levissimè dicam[4], dimicandum nobis cum illo fuisset, neque nos unquam, dum ille in urbe hostis fuisset, tantis periculis rempublicam, tantâ pace, tanto otio, tanto silentio, liberâssemus[5].

VIII. Quanquam hæc omnia, Quirites, ita sunt a me administrata, ut deorum immortalium nutu atque consilio et gesta et provisa esse videantur. Idque quum[6] conjecturâ consequi possumus, quòd vix videtur humani consilii tantarum rerum gubernatio esse potuisse; tum verò ita præsentes his temporibus opem et auxilium nobis tulerunt, ut eos penè oculis videre possemus. Nam, ut illa omittam, visas nocturno tempore ab occidente faces ardoremque cœli, ut fulminum jactus, ut terræ motus, ceteraque, quæ tam multa[7], nobis consulibus, facta sunt, ut hæc, quæ nunc fiunt, canere[8] dii immortales viderentur; hoc certè, Quirites, quod sum dicturus, neque prætermittendum, neque relinquendum est.

1. *Non Saturnalia constituisset*, il n'aurait pas fixé les Saturnales, parce que cette époque était trop éloignée.

2. *Quæ*, la conduite de l'entreprise, de la conjuration.

3. *Quoad fuit* (*in urbe*).

4. *Ut levissimè dicam*, pour adoucir l'expression, pour ne rien dire de plus.

5. *Tantis periculis* dépend seul de *liberâssemus*. *Tantâ pace... silentio*, au milieu d'une paix si profonde.

6. *Quum* répond à *tum*, qui se trouve deux lignes plus bas: d'une part... d'autre part.

7. *Tam multa*. Des récits de prodiges menaçants circulaient alors dans toute l'Italie.

8. *Canere*, prophétiser, annoncer.

Nam profectò memoriâ tenetis, Cottâ et Torquato consulibus, complures in Capitolio turres de cœlo esse percussas[1], quum et simulacra deorum immortalium depulsa sunt, et statuæ veterum hominum[2] dejectæ, et legum æra liquefacta; tactus est etiam ille, qui hanc urbem condidit, Romulus[3], quem inauratum in Capitolio, parvum atque lactentem, uberibus lupinis inhiantem, fuisse meministis. Quo quidem tempore, quum haruspices ex totâ Etruriâ[4] convenissent, cædes atque incendia, et legum interitum, et bellum civile ac domesticum, et totius urbis atque imperii occasum appropinquare dixerunt, nisi dii immortales, omni ratione placati, suo numine propè fata ipsa flexissent[5].

Itaque illorum responsis[6] tunc et ludi decem per dies facti sunt, neque res ulla, quæ ad placandum deos pertineret, prætermissa est; iidemque[7] jusserunt simulacrum Jovis facere majus, et in excelso collocare, et, contrà atque antè fuerat, ad orientem convertere; ac se sperare dixerunt, si illud signum, quod videtis, solis ortum et forum curiamque conspiceret, fore ut ea consilia, quæ clam essent inita contra salutem urbis atque imperii, illustrarentur, ut a senatu populoque romano perspici possent. Atque illud ita collocandum consules illi[8] locaverunt; sed tanta fuit operis tarditas, ut neque a superioribus consulibus[9], neque a nobis ante hodiernum diem collocaretur.

IX. Hìc quis potest esse, Quirites, tam aversus a vero, tam præceps, tam mente captus, qui neget hæc omnia, quæ

1. *De cœlo percussas*, frappées du ciel, c'est-à-dire de la foudre.

2. *Veterum hominum;* les grands hommes d'autrefois.

3. *Romulus*, le Romulus, la statue de Romulus.

4. *Ex totâ Etruriâ.* L'Étrurie fournissait presque tous les aruspices. Les Romains y envoyaient leurs enfants pour y être formés dans l'art de la divination.

5. *Suò numine propè fata ipsa flexissent*, ne faisaient fléchir sous leur puissance la puissance même des destins.

6. *Illorum responsis*, d'après la réponse des aruspices.

7. *Iidem* (*haruspices*).

8. *Consules illi*, les consuls de cette époque.

9. *Superioribus consulibus*, les consuls de l'année dernière. Ces consuls, prédécesseurs de Cicéron, étaient L. César et C. Figulus.

videmus[1], præcipuèque hanc urbem, deorum immortalium nutu atque potestate administrari? Etenim quum esset ita responsum[2], cædes, incendia interitumque reipublicæ comparari, et ea[3] per cives, quæ tum propter magnitudinem scelerum nonnullis incredibilia videbantur, ea non modò cogitata a nefariis civibus, verùm etiam suscepta esse sensistis. Illud verò nonne ita præsens est, ut nutu Jovis Optimi Maximi factum esse videatur, ut, quum hodierno die manè per forum meo jussu et conjurati et eorum indices in ædem Concordiæ[4] ducerentur, eo ipso tempore signum statueretur? Quo collocato atque ad vos senatumque converso, omnia et senatus et vos, quæ erant contra salutem omnium cogitata, illustrata et patefacta vidistis[5].

Quo etiam majore sunt isti odio supplicioque digni, qui non solùm vestris domiciliis atque tectis, sed etiam deorum templis atque delubris sunt funestos ac nefarios ignes inferre conati. Quibus ego si me restitisse[6] dicam, nimium mihi sumam[7], et non sim ferendus : ille, ille Jupiter restitit; ille Capitolium, ille hæc templa, ille hanc urbem, ille vos omnes salvos esse voluit. Diis ego immortalibus ducibus, hanc mentem, Quirites, voluntatemque suscepi, atque ad hæc tanta indicia perveni. Jam verò illa Allobrogum sollicitatio sic a Lentulo ceterisque domesticis hostibus, tanta res, tam dementer credita et ignotis et barbaris, commissæque litteræ nunquam essent profectò, nisi a diis immortalibus huic tantæ audaciæ consilium esset ereptum. Quid verò? ut homines Galli ex civitate malè pacatâ[8],

1. *Hæc omnia, quæ videmus*, tout ce que nous voyons, c'est-à-dire ce monde, cet univers.

2. *Quum esset ita responsum* (*ab haruspicibus*).

3. *Et ea* (*comparari*) *per cives*.

4. Le sénat s'était assemblé dans le temple de la Concorde pour voir comparaître devant lui les conjurés arrêtés dans la nuit. Voy. les chapitres II, III et IV.

5. *Quo collocato... vidistis*. Cicéron, dans son livre *Sur la Divination*, cite un passage de son poëme sur son consulat, dans lequel la muse Uranie raconte ce prodige.

6. *Restitisse* serait rendu trop faiblement ici par *résister;* il renferme l'idée de *faire obstacle, arrêter, rendre impuissant*.

7. *Nimium mihi sumam*, mot à mot, je prendrais trop pour moi, c'est-à-dire je m'attribuerais trop, je ferais preuve de présomption.

8. *Civitate malè pacatâ;* pays encore mal soumis.

quæ gens una restat quæ populo Romano bellum facere et posse et non nolle videatur, spem imperii et rerum amplissimarum ultro sibi a patriciis hominibus oblatam negligerent, vestramque salutem suis opibus anteponerent, id non divinitus factum esse putatis? præsertim qui nos non pugnando, sed tacendo superare potuerunt[1].

X. Quamobrem, Quirites, quoniam ad omnia pulvinaria[2] supplicatio decreta est, celebratote illos dies cum conjugibus ac liberis vestris. Nam multi sæpe honores diis immortalibus justi habiti sunt ac debiti, sed profectò justiores nunquam. Erepti enim estis ex crudelissimo ac miserrimo interitu, et erepti sinè cæde, sinè sanguine, sinè exercitu, sinè dimicatione; togati, me uno togato duce et imperatore, vicistis.

Etenim recordamini, Quirites, omnes civiles dissensiones, neque solùm eas, quas audistis[3], sed eas, quas vosmet ipsi meministis et vidistis. L. Sulla P. Sulpicium[4] oppressit, ex urbe ejecit C. Marium, custodem hujus urbis[5], multosque fortes viros partim ejecit ex civitate, partim interemit. Cn. Octavius[6], consul, armis ex urbe collegam suum expulit; omnis hic locus[7] acervis corporum et civium sanguine redundavit. Superavit postea Cinna cum Mario[8]; tum verò, clarissimis viris interfectis, lumina civitatis[9] exstincta sunt.

1. *Præsertim qui... potuerunt*, mot à mot, surtout eux qui auraient pu, c'est-à-dire surtout lorsqu'ils pouvaient. — *Potuerunt* équivaut ici à *potuissent*.

2. *Pulvinaria*, les temples. Ce mot désigne proprement les lits et les coussins sur lesquels on étendait dans les temples les statues des dieux, quand on leur offrait les festins propitiatoires appelés *lectisternia*.

3. *Eas, quas audistis*. Par exemple, les retraites du peuple sur le mont Sacré et sur l'Aventin.

4. P. Sulpicius, tribun du peuple, qui voulait faire retirer à Sylla le commandement de la guerre contre Mithridate.

5. *Custodem hujus urbis*, gardien, c'est-à-dire sauveur de cette ville. Voy. le 4e discours, ch. X.

6. Pendant l'absence de Sylla, Cn. Octavius, consul, dévoué à Sylla, chassa son collègue Cinna, partisan de Marius.

7. *Hic locus*, le forum.

8. *Cinna cum Mario*. Revenu d'Afrique, Marius se réunit à Cinna, et entra avec lui dans Rome.

9. *Lumina civitatis*, les gloires de la patrie, Q. Catulus, M. Antonius, C. et L. Julius, Q. Scævola, et tant d'autres.

Ultus est hujus victoriæ crudelitatem postea Sulla, nec dici quidem opus est quantâ deminutione civium [1], et quantâ calamitate reipublicæ. Dissensit M. Lepidus a clarissimo et fortissimo viro Q. Catulo [2]; attulit non tam ipsius interitus reipublicæ luctum, quàm ceterorum [3].

Atque illæ dissensiones erant hujus modi, Quirites, quæ non ad delendam, sed ad commutandam rempublicam [4] pertinerent : non illi nullam esse rempublicam, sed in eâ, quæ esset, se esse principes, neque hanc urbem conflagrare, sed se in hâc urbe florere voluerunt; atque illæ tamen omnes dissensiones, quarum nulla exitium reipublicæ quæsivit, ejus modi fuerunt, ut non reconciliatione concordiæ, sed internecione civium dijudicatæ sint. In hoc autem uno post hominum memoriam maximo crudelissimoque bello, quale bellum nulla unquam barbaria cum suâ gente gessit, quo in bello lex hæc fuit a Lentulo, Catilinâ, Cassio, Cethego constituta, ut omnes, qui salvâ urbe salvi esse possent, in hostium numero ducerentur, ita me gessi, Quirites, ut omnes salvi conservaremini, et, quum hostes vestri tantum civium superfuturum putâssent, quantum infinitæ cædi restitisset, tantum autem urbis, quantum flamma obire non potuisset, et urbem et cives integros incolumesque servavi.

XI. Quibus pro tantis rebus, Quirites, nullum ego a vobis præmium virtutis, nullum insigne honoris, nullum monumentum laudis postulo, præterquam hujus diei memoriam sempiternam. In animis ego vestris omnes triumphos meos, omnia ornamenta honoris, monumenta gloriæ, laudis insignia condi et collocari volo. Nihil me mutum [5] potest delectare, nihil tacitum, nihil denique hujus modi, quod etiam minùs digni

1. *Quantâ deminutione civium.* Soixante-dix mille citoyens périrent dans les proscriptions.

2. Lépidus, après la mort de Sylla, voulut abolir les lois du dictateur. Le sénat fit marcher contre lui son collègue Catulus.

3. *Ceterorum;* les autres citoyens qui périrent avec Lépidus.

4. *Ad commutandam rempublicam.* La plupart des guerres civiles n'avaient été que des luttes politiques entre le sénat et le peuple.

5. *Nihil mutum, nihil tacitum,* aucun monument muet, ne parlant pas à l'âme, comme une statue, une image, etc.

assequi possint. Memoriâ vestrâ, Quirites, nostræ res alentur[1], sermonibus crescent, litterarum monumentis inveterascent et corroborabuntur; eamdemque diem[2] intelligo, quam spero æternam fore, et ad salutem urbis et ad memoriam consulatûs mei propagatam; unoque tempore in hâc republicâ duos cives[3] exstitisse, quorum alter[4] fines vestri imperii non terræ, sed cœli regionibus terminaret, alter[5] ejusdem imperii domicilium sedemque servaret.

XII. Sed, quoniam earum rerum, quas ego gessi, non est eadem fortuna atque conditio, quæ illorum[6], qui externa bella gesserunt, quòd mihi cum his vivendum est, quos vici ac subegi, isti[7] hostes aut interfectos aut oppressos reliquerunt, vestrum est, Quirites, si ceteris sua rectè facta[8] prosunt, mihi mea ne quando obsint, providere. Mentes enim hominum audacissimorum sceleratæ ac nefariæ, ne vobis nocere possent, ego providi; ne mihi noceant, vestrum est providere. Quanquam, Quirites, mihi quidem ipsi nihil jam ab istis noceri potest. Magnum enim est in bonis præsidium, quod mihi in perpetuum comparatum est; magna in republicâ dignitas, quæ me semper tacita defendet; magna vis est conscientiæ, quam qui negligent, quum me violare volent, se ipsi indicabunt.

Est etiam in nobis is animus, Quirites, ut non modò nullius audaciæ cedamus, sed etiam omnes improbos ultro semper lacessamus. Quòd si omnis impetus domesticorum hostium, depulsus a vobis, se in me unum converterit, vobis erit providendum, Quirites, quâ conditione posthac eos esse velitis, qui se pro salute vestrâ obtulerint invidiæ periculisque omnibus. Mihi quidem ipsi quid est, quod jam ad vitæ fructum

1. *Nostræ res*, mes services. *Alentur*, seront entretenus, seront nourris, c'est-à-dire vivront.

2. *Eamdemque diem... propagatam*. BURNOUF: « Ce jour, oui, ce jour à jamais mémorable a lui sur la république, et pour la sauver, et pour éterniser mon consulat. » Le texte latin est évidemment altéré.

3. *Duos cives*. Cicéron et Pompée.

4. *Alter*, Pompée, qui faisait alors la guerre dans l'Orient.

5. *Alter*, Cicéron.

6. *Quæ (est) illorum*, équivaut à *quàm conditio illorum*.

7. *Isti*, ceux qui font la guerre à l'étranger.

8. *Rectè facta*, les bonnes actions; ici, les services.

possit acquiri, præsertim quum neque in honore vestro [1], neque in gloriâ virtutis quidquam videam altius, quò quidem mihi libeat adscendere?

Illud perficiam profectò, Quirites, ut ea, quæ gessi in consulatu, privatus tuear atque ornem, ut[2], si qua est invidia in conservandâ republicâ suscepta, lædat invidos, mihi valeat ad gloriam. Denique ita me in republicâ tractabo, ut meminerim semper quæ gesserim, curemque ut ea virtute, non casu, gesta esse videantur. Vos, Quirites, quoniam jam nox est [3], veneramini illum Jovem [4], custodem hujus urbis ac vestrum, atque in vestra tecta discedite, et ea, quanquam jam periculum est depulsum, tamen æquè ac priore nocte fecistis, custodiis vigiliisque defendite. Id ne vobis diutius faciendum sit, atque ut in perpetuâ pace esse possitis, providebo, Quirites.

1. *Honore vestro*, les honneurs qui dépendent de vous. En effet, le consulat était le but le plus élevé de l'ambition d'un citoyen.

2. Ce second *ut* doit se traduire par *afin que*.

3. *Nox est*. Voyez l'argument.

4. *Illum Jovem*, ce Jupiter, Jupiter dont nous voyons d'ici l'image; cette explication de *ille* ressort de ces mots du chapitre VIII: *Illud signum, quod videtis*.

ARGUMENT ANALYTIQUE

DU QUATRIÈME DISCOURS CONTRE CATILINA.

Le jour des nones de décembre, Cicéron, voyant que les partisans des conjurés cherchaient à soulever la populace, convoqua le sénat dans le temple de Jupiter Stator, pour décider du sort des coupables.

Le jugement que ce corps allait rendre était un acte contraire à sa constitution même, qui ne lui conférait pas le pouvoir judiciaire; c'était aussi une violation des lois Porcia et Sempronia, qui défendaient qu'aucun citoyen romain fût condamné à la mort, ou même à l'exil, autrement que par le peuple assemblé en centuries. Mais le sénat n'avait plus à obéir qu'à la loi suprême du salut public. C'était là du moins ce que voulait obtenir de lui le consul, c'était le but du discours qu'il allait prononcer en résumant toute la discussion.

Décimus Julius Silanus, entendu le premier, à titre de consul désigné, avait opiné pour le dernier supplice. Muréna, son collègue, avait suivi son exemple, ainsi que la plupart des consulaires et des principaux du sénat. Mais alors César, grand-pontife et préteur désigné, prononça ce discours si habile, dont Salluste nous a conservé l'esprit, et dans lequel, sous le prétexte de frapper les coupables d'un châtiment beaucoup plus sévère que la mort, il proposait contre eux la prison perpétuelle et la confiscation. Séduits par les paroles de César, un grand nombre de sénateurs et Silanus lui-même, renonçant à leur premier avis, s'étaient rangés au sien; le frère même de Cicéron revenait sur son premier vote. Aussi tous les regards se tournaient vers le consul, qui, sentant bien que le moment était décisif, et ne pouvant se dissimuler les périls auxquels devait l'exposer son courage, se dévoua sans hésitation et sans crainte pour le salut de la patrie.

I. Cicéron remercie les sénateurs des inquiétudes qu'ils témoignent pour sa sûreté; mais ils ne doivent penser qu'au salut de l'État.

II. Les dieux qui protégent Rome ne le laisseront pas succomber dans son entreprise; et d'ailleurs il est tout prêt à mourir : s'il songe aux objets de son affection, c'est pour essayer de les sauver, au prix de sa vie, avec la ville entière.

III. Les projets des conjurés sont connus ; ils les ont avoués, et le sénat, par ses actes précédents, a déjà manifesté son jugement ; il ne reste plus qu'à prononcer la peine, mais il faut le faire sans retard.

IV — VI. Deux opinions différentes ont été soutenues, celle de Silanus, qui demande la mort des coupables, et celle de César, qui les croirait plus rigoureusement punis par la prison perpétuelle et la confiscation de leurs biens. Le consul résume avec impartialité les motifs de l'une et de l'autre opinion, mais de manière cependant à laisser voir sa préférence pour celle de Silanus. Il ne se dissimule pas cependant qu'il serait personnellement moins exposé si le sénat adoptait l'avis de César, mais il doit penser uniquement à la patrie. Si c'est l'avis contraire qui l'emporte, César sera du moins forcé de convenir qu'on a choisi la peine la plus douce. Dans tous les cas, les conjurés ne sauraient inspirer aucune pitié, et tout ce que l'on peut craindre, c'est que leur châtiment ne soit pas assez terrible.

VII — VIII. On objecte au consul la difficulté de faire exécuter un arrêt de mort ; mais il a tout prévu, tout préparé. Pour appuyer le consul, tous les ordres de l'État, tous les citoyens sont réunis dans un commun désir de contribuer au salut de la république.

IX. Le sénat ne peut douter du dévouement du consul ; il entend la voix suppliante de la patrie ; il va prononcer sur ses intérêts les plus sacrés. Il ne peut laisser périr en un moment un empire fondé par tant de travaux et parvenu au faîte de la puissance et de la gloire.

X. Cicéron dédaigne les nombreux ennemis que lui a faits son courage. S'il doit succomber, la gloire le consolera ; il aura sa place à côté des Scipions, de Paul Émile, de Marius et de Pompée.

XI. Mais, soutenu par l'union inébranlable des chevaliers et du sénat, il triomphera sans doute, et ne demandera pour récompense à ses concitoyens que de garder un souvenir éternel de son consulat. Si son espoir doit être trompé, il recommande au sénat son fils au berceau. Il termine en exhortant une dernière fois les sénateurs à prononcer un arrêt dont il garantit l'exécution.

M. Porcius Caton, tribun désigné, et très-jeune encore, acheva d'entraîner les sénateurs. La sentence de mort fut aussitôt prononcée et exécutée sur Lentulus, Céthégus, Statilius, Gabinius et Cæparius, qui furent étranglés dans la prison.

ORATIO QUARTA

IN L. CATILINAM.

I. Video, patres conscripti, in me omnium vestrûm ora atque oculos esse conversos; video vos non solùm de vestro ac reipublicæ, verùm etiam, si id depulsum sit, de meo periculo esse sollicitos. Est mihi jucunda in malis et grata in dolore vestra erga me voluntas[1]; sed eam, per deos immortales, quæso, deponite, atque, obliti salutis meæ, de vobis ac de liberis vestris cogitate. Mihi quidem si hæc conditio consulatûs data est[2], ut omnes acerbitates, omnes dolores cruciatusque perferrem, feram non solùm fortiter, sed etiam libenter, dummodo meis laboribus vobis populoque romano dignitas salusque pariatur.

Ego sum ille consul, patres conscripti, cui non forum, in quo omnis æquitas continetur[3], non campus, consularibus auspiciis consecratus[4], non curia, summum auxilium omnium gentium[5], non domus, commune perfugium, non lectus, ad quietem datus, non denique hæc sedes honoris, sella curulis, unquam vacua mortis periculo atque insidiis fuit. Ego multa tacui[6], multa pertuli, multa concessi[7], multa meo quodam

1. *Voluntas*, le bon vouloir, l'affection, l'intérêt.

2. *Mihi quidem si... data est*, si cette condition du consulat m'a été donnée, c'est-à-dire si telle était la destinée de mon consulat.

3. *In quo omnis æquitas continetur*. Les assemblées politiques se tenaient au forum, et le préteur y avait son tribunal; le forum était donc *le sanctuaire de la justice et des lois*.

4. *Consularibus auspiciis consecratus*. Les comices pour l'élection des consuls se tenaient au champ de Mars; ils étaient toujours ouverts par la cérémonie religieuse des auspices.

5. *Auxilium gentium*, refuge des nations.

6. *Multa tacui*. Cicéron n'avait pas révélé le nom de tous les conjurés; Crassus et César, entre autres, étaient, dit-on, dans la conspiration.

7. *Multa concessi*. Cicéron avait abandonné à Antoine la province de Macédoine.

dolore, sinè vestro timore [1], sanavi. Nunc, si hunc exitum consulatûs mei [2] dii immortales esse voluerunt, ut vos, patres conscripti, populumque romanum ex cæde miserrimâ, conjuges liberosque vestros virginesque vestales ex acerbissimâ vexatione, templa atque delubra, hanc pulcherrimam patriam omnium nostrûm ex fœdissimâ flammâ, totam Italiam ex bello et vastitate eriperem, quæcumque mihi uni proponetur fortuna, subeatur [3]. Etenim, si P. Lentulus suum nomen, inductus a vatibus [4], fatale [5] ad perniciem reipublicæ fore putavit, cur ego non læter, meum consulatum ad salutem reipublicæ propè fatalem exstitisse?

II. Quare, patres conscripti, consulite vobis, prospicite patriæ, conservate vos, conjuges, liberos fortunasque vestras; populi romani nomen salutemque defendite : mihi parcere ac de me cogitare desinite. Nam primùm debeo sperare, omnes deos, qui huic urbi præsident, pro eo mihi, ac mereor [6], relaturos gratiam esse [7]. Deinde, si quid obtigerit [8], æquo animo paratoque moriar. Neque enim turpis mors forti viro potest accidere, neque immatura consulari [9], nec misera sapienti. Nec tamen ego sum ille ferreus, qui [10] fratris carissimi [11] atque amantissimi præsentis mœrore non movear, horumque omnium [12] lacrimis, a quibus me circumsessum videtis. Neque meam mentem non [13] domum sæpe revocat exanimata uxor,

1. *Sinè vestro timore,* sans vous causer de crainte, en vous épargnant la crainte.

2. *Exitum consulatûs mei.* Cicéron n'avait plus que vingt-cinq jours avant de sortir du charge.

3. *Subeatur* (*a me*).

4. *Inductus a vatibus.* Allusion aux oracles *sibyllins.*

5. *Fatale;* fatal, c'est-à-dire marqué, désigné par les destins.

6. *Pro eo ac mereor,* selon mes mérites.

7. *Relaturos gratiam esse;* récompenser, plutôt que savoir gré.

8. *Si quid obtigerit,* s'il m'arrive quelque chose, c'est-à-dire s'il m'arrive malheur.

9. *Neque immatura consulari.* Le consulat étant le faîte des honneurs, un citoyen ne pouvait rien ambitionner au delà.

10. *Nec tamen ego sum ille ferreus, qui...* Je ne suis pas assez de fer, assez insensible pour...

11. Ce frère est Quintus Cicéron.

12. *Horum omnium* désigne les sénateurs amis de Cicéron, qui se pressaient autour de lui.

13. *Neque... non,* double négation qui équivaut à la conjonction affirmative *et.*

abjecta metu filia, et parvulus filius, quem mihi videtur amplecti respublica, tanquam obsidem consulatûs mei[1]; neque ille, qui exspectans hujus exitum diei, adstat in conspectu meo gener. Moveor his rebus omnibus, sed in eam partem, ut salvi sint vobiscum omnes, etiam si vis aliqua me oppresserit, potiùs quàm et illi et nos unà cum republicâ pereamus.

Quare, patres conscripti, incumbite ad reipublicæ salutem; circumspicite omnes procellas, quæ impendent, nisi providetis. Non Tib. Gracchus, qui iterum tribunus plebis fieri voluit; non C. Gracchus, qui agrarios concitare conatus est; non L. Saturninus, qui C. Memmium[2] occidit, in discrimen[3] aliquod atque in vestræ severitatis judicium adducitur : tenentur ii, qui ad urbis incendium, ad vestrûm omnium cædem, ad Catilinam accipiendum, Romæ restiterunt. Tenentur litteræ, signa, manus, denique uniuscujusque confessio; sollicitantur Allobroges; servitia excitantur; Catilina arcessitur; id est initum consilium, ut, interfectis omnibus, nemo ne ad deplorandum quidem reipublicæ nomen, atque ad lamentandam tanti imperii calamitatem relinquatur.

III. Hæc omnia[4] indices detulerunt, rei confessi sunt, vos multis jam judiciis[5] judicâstis : primùm, quòd mihi gratias egistis singularibus verbis, et meâ virtute atque diligentiâ perditorum hominum patefactam esse conjurationem decrevistis; deinde, quòd P. Lentulum, ut se abdicaret præturâ, coegistis; tum, quòd eum, et ceteros, de quibus judicâstis, in custodiam dandos censuistis; maximèque, quòd meo nomine supplicationem decrevistis, qui honos togato[6] habitus ante me

1. *Tanquam obsidem consulatûs mei*, comme un otage, un garant des actes de mon consulat.

2. L. Saturninus, tribun du peuple, avait tué C. Memmius pour l'empêcher d'arriver au consulat. Voy. la note 2 de la page 6.

3. *Discrimen*, l'épreuve judiciaire.

4. *Hæc omnia, etc.* Pour tout ce paragraphe, voyez les nombreux détails renfermés dans toute la première partie du 3e discours.

5. *Judiciis.* Le sénat n'avait pas rendu d'arrêt proprement dit; mais les décrets que va citer l'orateur pouvaient faire présumer quel serait son jugement.

6. *Togato.* Voyez ci-dessus la note 6 de la page 48.

est nemini ; postremò, hesterno die præmia legatis Allobrogum Titoque Vulturcio dedistis amplissima. Quæ sunt omnia ejus modi, ut ii, qui in custodiam nominatìm dati sunt, sinè ullâ dubitatione a vobis damnati esse videantur.

Sed ego institui referre [1] ad vos, patres conscripti, tanquam integrum [2], et de facto, quid judicetis, et de pœnâ, quid censeatis. Illa prædicam, quæ sunt consulis. Ego magnum in republicâ versari furorem, et nova quædam misceri et concitari mala jampridem videbam; sed hanc tantam, tam exitiosam haberi conjurationem a civibus, nunquam putavi. Nunc, quidquid est, quòcumque vestræ mentes inclinant atque sententiæ, statuendum vobis ante noctem [3] est. Quantum facinus ad vos delatum sit, videtis. Huic si paucos putatis affines esse, vehementer erratis. Latiùs opinione disseminatum est hoc malum [4]; manavit non solùm per Italiam, verùm etiam transcendit Alpes et, obscurè serpens, multas jam provincias occupavit. Id opprimi sustentando ac prolatando nullo pacto potest. Quâcumque ratione placet [5], celeriter vobis vindicandum est.

IV. Video duas adhuc esse sententias : unam D. Silani [6], qui censet, eos, qui hæc [7] delere conati sunt, morte esse multandos; alteram C. Cæsaris [8], qui mortis pœnam removet, ceterorum suppliciorum omnes acerbitates amplectitur. Uterque et pro suâ dignitate et pro rerum magnitudine in summâ severitate versatur. Alter eos, qui nos omnes, qui populum Romanum vitâ privare conati sunt, qui delere imperium, qui populi romani nomen exstinguere, punctum temporis frui vitâ et hoc communi spiritu non putat oportere; atque hoc genus pœnæ sæpe in improbos cives in hâc republicâ esse usurpatum [9] recordatur. Alter intelligit, mortem a diis immortalibus

1. *Referre*, faire un rapport, soumettre une question.

2. *Tanquam integrum*, comme si l'affaire était intacte, c'est-à-dire comme si vous n'aviez réellement pas prononcé déjà.

3. *Ante noctem*. Il fallait se hâter, et un décret prononcé après le coucher du soleil était nul.

4. *Hoc malum*, la conjuration.

5. *Quâcumque ratione placet* (*vobis vindicare*).

6. Silanus, consul désigné, avait dû donner son avis le premier.

7. *Hæc*, Rome, la république.

8. César était alors préteur désigné.

9. *Hoc genus pœnæ sæpe ... usurpatum*. Ces exemples étaient antérieurs cependant à la loi Porcia.

non esse supplicii causâ constitutam, sed aut necessitatem naturæ, aut laborum ac miseriarum quietem esse[1]. Itaque eam sapientes nunquam inviti, fortes etiam sæpe libenter oppetiverunt. Vincula verò, et ea sempiterna, certè ad singularem pœnam nefarii sceleris inventa sunt. Municipiis dispertiri jubet[2]. Habere videtur ista res iniquitatem[3], si imperare velis; difficultatem, si rogare[4]. Decernatur tamen, si placet. Ego enim suscipiam[5], et, ut spero, reperiam, qui id, quod salutis omnium causâ statueritis, non putent esse suæ dignitatis recusare. Adjungit[6] gravem pœnam municipibus, si quis eorum[7] vincula ruperit; horribiles custodias circumdat, et digna scelere hominum perditorum sancit, ne quis eorum pœnam, quos condemnat, aut per senatum, aut per populum levare possit; eripit etiam spem, quæ sola hominem in miseriis consolari solet. Bona præterea publicarì jubet; vitam solam relinquit nefariis hominibus, quam si eripuisset, multos uno dolore dolores animi atque corporis, et omnes scelerum pœnas ademisset. Itaque, ut aliqua in vitâ formido improbis esset posita, apud inferos ejus modi quædam illi antiqui[8] supplicia impiis constituta esse voluerunt, quòd videlicet intelligebant, his[9] remotis, non esse mortem ipsam pertimescendam.

V. Nunc, patres conscripti, ego meâ video quid intersit. Si eritis secuti sententiam C. Cæsaris, quoniam hanc is in republicâ viam, quæ popularis[10] habetur, secutus est, fortasse minùs erunt, hoc auctore et cognitore[11] hujusce sententiæ, mihi populares impetus pertimescendi; sin illam alteram[12], nescio

1. *Alter... quietem esse*. Voyez Salluste, *Catilina*.

2. *Jubet* (*eos, conjuratos*) *municipiis dispertiri*.

3. *Habere... iniquitatem*. Il était injuste d'imposer aux municipes une telle responsabilité.

4. *Difficultatem* (*habere videtur*), *si* (*velis*) *rogare*.

5. *Suscipiam*, je me chargerai (de l'exécution du décret).

6. *Adjungit* (*Cæsar*).

7. *Si quis* (*municipum*). *Eorum* se rapporte aux conjurés captifs.

8. *Illi antiqui*, les anciens si sages, l'antiquité dans sa sagesse.

9. *His*, les peines de l'autre vie.

10. On appelait *populares* les partisans du peuple; *optimates*, les défenseurs de la noblesse.

11. *Auctore*; celui qui émet un avis. *Cognitore*; celui qui défend la cause d'une personne présente.

12. *Sin* (*secuti eritis*) *illam alteram* (*sententiam*), l'autre avis, celui de Silanus.

an amplius mihi negotii contrahatur. Sed tamen meorum periculorum rationes[1] utilitas reipublicæ vincat. Habemus enim a C. Cæsare, sicut ipsius dignitas et majorum ejus amplitudo postulabat, sententiam, tanquam obsidem perpetuæ in rempublicam voluntatis. Intellectum est, quid intersit inter levitatem concionatorum et animum verè popularem, saluti populi consulentem.

Video de istis, qui se populares haberi volunt, abesse non neminem, ne de capite videlicet civium romanorum sententiam ferat. Is et nudiustertius in custodiam cives romanos dedit, et supplicationem mihi decrevit, et indices hesterno die maximis præmiis affecit. Jam hoc nemini dubium est, qui reo custodiam, quæsitori[2] gratulationem, indici præmium decrevit, quid de totâ re et causâ judicârit. At verò C. Cæsar intelligit, legem Semproniam[3] esse de civibus romanis constitutam; qui autem reipublicæ sit hostis, eum civem esse nullo modo posse; denique ipsum latorem legis Semproniæ jussu populi[4] pœnas reipublicæ dependisse. Idem ipsum Lentulum, largitorem et prodigum, non putat, quum de pernicie populi romani et exitio hujus urbis tam acerbè tamque crudeliter cogitârit, appellari posse popularem. Itaque homo mitissimus atque lenissimus non dubitat P. Lentulum æternis tenebris vinculisque mandare; et sancit in posterum, ne quis hujus supplicio levando se jactare, et in pernicie populi romani posthac popularis esse[5] possit. Adjungit etiam publicationem bonorum, ut omnes animi cruciatus et corporis, etiam egestas ac mendicitas consequatur.

VI. Quamobrem, sive hoc[6] statueritis, dederitis mihi comitem ad concionem, populo carum atque jucundum; sive Silani

1. *Meorum periculorum rationes*, la considération de mes dangers.

2. *Quæsitori;* le magistrat instructeur; c'était ordinairement le consul lui-même.

3. D'après la loi de Caïus Sempronius Gracchus, le peuple seul pouvait condamner à mort un citoyen romain.

4. *Jussu populi*. Le peuple n'avait pas ordonné la mort de C. Gracchus; seulement il l'avait laissé massacrer sans répondre à son appel.

5. *In pernicie... popularis esse*, se rendre populaire en perdant la république.

6. *Hoc*, ce que propose César.

sententiam sequi malueritis, facilè me atque vos a crudelitatis vituperatione defendetis, atque obtinebo, eam multò leniorem fuisse[1]. Quanquam, patres conscripti, quæ potest esse in tanti sceleris immanitate puniendâ crudelitas? Ego enim de meo sensu judico. Nam ita mihi salvâ republicâ vobiscum perfrui liceat, ut[2] ego, quòd in hâc causâ vehementior sum, non atrocitate animi moveor, quis enim est me mitior? sed singulari quâdam humanitate et misericordiâ[3]. Videor enim mihi hanc urbem videre[4], lucem orbis terrarum atque arcem omnium gentium, subitò uno incendio concidentem; cerno animo sepultam patriam, miseros atque insepultos acervos civium; versatur mihi ante oculos adspectus Cethegi et furor in vestrâ cæde bacchantis. Quum verò mihi proposui regnantem Lentulum, sicut ipse se ex fatis sperâsse confessus est, purpuratum[5] esse hunc Gabinium[6], cum exercitu venisse Catilinam; tum lamentationem matrum familias, tum fugam virginum atque puerorum ac vexationem virginum vestalium perhorresco, et, quia mihi vehementer hæc videntur misera atque miseranda, idcirco in eos, qui ea perficere voluerunt, me severum vehementemque præbeo. Etenim quæro, si quis pater familias, liberis suis a servo interfectis, uxore occisâ, incensâ domo, supplicium de servo non quàm acerbissimum sumpserit, utrùm is clemens ac misericors, an inhumanus et crudelissimus esse videatur? Mihi verò importunus[7] ac ferreus, qui non dolore ac cruciatu nocentis suum dolorem cruciatumque lenierit. Sic nos in his hominibus[8], qui nos, qui conjuges, qui liberos nostros truci-

1. *Eam (Silani sententiam) multò leniorem fuisse (quàm sententia Cæsaris).*

2. *Nam ita mihi salvâ republicâ... liceat, ut....* Littéralement : Puissé-je jouir avec vous du salut de la république, aussi bien qu'il est vrai que....

3. *Humanitate, misericordiâ;* l'humanité, la pitié, qui consistent à frapper le méchant plutôt que de lui laisser le pouvoir de nuire.

4. *Videor mihi videre,* il me semble voir, je me représente.

5. *Purpuratum;* revêtu de la pourpre, c'est-à-dire parvenu aux plus hautes dignités, dont la pourpre était l'insigne.

6. Gabinius était l'intime ami de Catilina.

7. *Importunus,* inabordable, farouche, cruel.

8. *In his hominibus,* quand nous avons affaire à ces hommes qui...

dare voluerunt, qui singulas uniuscujusque nostrûm domos, et hoc universum reipublicæ domicilium delere conati sunt, qui id egerunt, ut gentem Allobrogum in vestigiis hujus urbis atque in cinere deflagrati imperii collocarent, si vehementissimi fuerimus, misericordes habebimur ; sin remissiores esse voluerimus, summæ nobis crudelitatis in patriæ civiumque pernicie fama subeunda est.

Nisi vero cuipiam L. Cæsar, vir fortissimus et amantissimus reipublicæ, crudelior nudiustertius est visus, quum sororis suæ, feminæ lectissimæ, virum[1], præsentem et audientem, vitâ privandum esse dixit, quum avum[2] jussu consulis interfectum, filiumque ejus impuberem, legatum a patre missum, in carcere necatum esse dixit. Quorum quod simile factum[3]? quod initum delendæ reipublicæ consilium? Largitionis voluntas[4] tum in republicâ versata est, et partium quædam contentio. Atque illo tempore hujus avus Lentuli[5], clarissimus vir, armatus Gracchum est persecutus ; ille etiam grave tum vulnus accepit, ne quid de summâ republicâ minueretur ; hic[6] ad evertenda fundamenta reipublicæ Gallos arcessit, servitia concitat, Catilinam vocat, attribuit nos trucidandos Cethego, ceteros cives interficiendos Gabinio, urbem inflammandam Cassio, totam Italiam vastandam diripiendamque Catilinæ. Veremini, censeo[7], ne, in hoc scelere tam immani ac nefario, nimis aliquid severè statuisse videamini, quum multò magis sit verendum, ne remissione pœnæ crudeles in patriam, quàm ne severitate animadversionis nimis vehementes in acerbissimos hostes fuisse videamur.

1. *Sororis suæ virum*. Julie, sœur de César, après la mort de son premier mari M. Antonius Créticus, avait épousé Cornélius Lentulus.

2. *Avum*. Cet aïeul était Fulvius Flaccus, compagnon de C. Gracchus, qui fut mis à mort avec l'aîné de ses fils.

3. *Quorum quod simile factum?* Et ceux-ci, qu'avaient-ils fait qui ressemblât aux actes de Catilina et de ses complices? avaient ils rien fait de semblable?

4. C. Gracchus demandait le partage des terres et la distribution du blé au peuple.

5. L'aïeul de Lentulus était P. Lentulus, consulaire et prince du sénat.

6. *Hic*, le Lentulus complice de Catilina.

7. *Veremini, censeo, etc.* Phrase ironique.

VII. Sed ea, quæ exaudio, patres conscripti, dissimulare[1] non possum. Jaciuntur enim voces, quæ perveniunt ad aures meas, eorum, qui vereri videntur, ut habeam[2] satis præsidii ad ea, quæ vos statueritis hodierno die, transigenda. Omnia et provisa, et parata, et constituta sunt, patres conscripti, quum meâ summâ curâ atque diligentiâ, tum multò etiam majore populi romani ad summum imperium retinendum et ad communes fortunas conservandas voluntate. Omnes adsunt omnium ordinum homines, omnium denique ætatum ; plenum est forum, plena templa circa forum, pleni omnes aditus hujus loci ac templi. Causa enim est post urbem conditam hæc inventa sola, in quâ omnes sentirent unum atque idem, præter eos, qui, quum sibi viderent esse pereundum, cum omnibus potiùs quàm soli perire voluerunt.

Hosce ego homines excipio et secerno libenter; neque enim in improborum civium, sed in acerbissimorum hostium numero habendos puto. Ceteri verò, dii immortales! quâ frequentiâ, quo studio, quâ virtute ad communem dignitatem salutemque consentiunt! Quid ego hìc equites romanos commemorem? qui vobis ita summam ordinis consiliique[3] concedunt, ut vobiscum de amore reipublicæ certent; quos ex multorum annorum dissensione[4] ad hujus ordinis societatem concordiamque revocatos hodiernus dies vobiscum atque hæc causa conjungit : quam conjunctionem si, in consulatu confirmatam meo, perpetuam in republicâ tenuerimus, confirmo vobis nullum posthac malum civile ac domesticum ad ullam reipublicæ partem esse venturum. Pari studio defendendæ reipublicæ convenisse video tribunos ærarios[5], fortissimos viros ;

1. *Dissimulare* ne veut pas dire ici dissimuler, cacher, mais feindre de ne pas entendre.

2. *Vereri, ut habeam*, craindre que je n'aie pas.

3. *Summa ordinis consiliique*, le premier rang comme ordre et comme corps délibérant.

4. *Ex multorum annorum dissensione*. Le droit de siéger dans les tribunaux, enlevé par C. Gracchus aux sénateurs en faveur des chevaliers, puis rendu aux sénateurs par Sylla, avait été la cause de longues dissensions entre les deux ordres.

5. Les tribuns du trésor touchaient et versaient aux questeurs les sommes nécessaires à l'entretien des armées.

scribas[1] item universos, quos quum casu hic dies ad ærarium frequentâsset, video ab exspectatione sortis[2] ad communem salutem esse conversos.

Omnis ingenuorum adest multitudo, etiam tenuissimorum. Quis est enim, cui non hæc templa, adspectus urbis, possessio libertatis, lux denique hæc ipsa et hoc commune patriæ solum quum sit carum, tum verò dulce atque jucundum?

VIII. Operæ pretium est, patres conscripti, libertinorum hominum studia cognoscere, qui suâ virtute fortunam hujus civitatis consecuti[3], hanc verè suam patriam esse judicant, quam quidam hinc nati, et summo nati loco[4], non patriam suam, sed urbem hostium esse judicaverunt. Sed quid ego hosce homines ordinesque commemorem, quos privatæ fortunæ, quos communis respublica, quos denique libertas ea, quæ dulcissima est, ad salutem patriæ defendendam excitavit? Servus est nemo, qui modò tolerabili conditione sit servitutis, qui non audaciam civium perhorrescat, qui non hæc stare cupiat, qui non tantum, quantum audet[5] et quantum potest, conferat ad communem salutem, voluntatis.

Quare si quem vestrûm fortè commovet hoc, quod auditum est, lenonem quemdam Lentuli[6] concursare circùm tabernas, pretio sperare sollicitari posse animos egentium atque imperitorum, est id quidem cœptum atque tentatum ; sed nulli sunt inventi tam aut fortunâ miseri, aut voluntate perditi, qui non ipsum illum sellæ atque operis et quæstûs quotidiani locum, qui non cubile ac lectulum suum, qui denique non cursum hunc otiosum vitæ suæ salvum esse velint. Multò verò maxima

1. Les scribes, greffiers qui transcrivaient les actes des magistrats, étaient presque tous des affranchis.

2. *Ab exspectatione sortis.* Les scribes tiraient au sort chaque année les magistrats auxquels ils devaient être attachés l'année suivante.

3. *Fortunam hujus civitatis consecuti*, ayant acquis le titre de citoyens de cette ville, de Rome.

4. *Summo nati loco.* Lentulus et Catilina étaient de familles patriciennes.

5. *Quantum audet.* Les esclaves ne pouvaient pas intervenir dans les affaires de l'Etat.

6. Les esclaves et les affranchis de Céthégus et de Lentulus cherchaient, pendant la séance même du sénat, à soulever le peuple.

pars eorum, qui in tabernis sunt, imò verò, id enim potiùs est dicendum, genus hoc universum, amantissimum est otii. Etenim omne eorum instrumentum, omnis opera ac quæstus frequentiâ civium sustentatur, alitur otio[1]; quorum si quæstus, occlusis tabernis[2], minui solet, quid tandem incensis[3] futurum fuit?

Quæ quum ita sint, patres conscripti, vobis populi romani præsidia non desunt; vos, ne populo romano deesse videamini, providete.

IX. Habetis consulem ex plurimis periculis et insidiis atque ex mediâ morte non ad vitam suam, sed ad salutem vestram, reservatum; omnes ordines ad conservandam rempublicam mente, voluntate, studio, virtute, voce, consentiunt; obsessa facibus et telis impiæ conjurationis, vobis supplex manus tendit patria communis; vobis se, vobis vitam omnium civium, vobis arcem et Capitolium, vobis aras Penatium, vobis illum ignem Vestæ perpetuum ac sempiternum, vobis omnia templa deorum atque delubra, vobis muros atque urbis tecta commendat. Præterea de vestrâ vitâ, de conjugum vestrarum ac liberorum animâ, de fortunis omnium, de sedibus, de focis vestris, hodierno die vobis judicandum est.

Habetis ducem[4] memorem vestrî, oblitum suî, quæ non semper facultas datur; habetis omnes ordines, omnes homines, universum populum romanum, id quod in civili causâ[5] hodierno die primùm videmus, unum atque idem sentientem. Cogitate, quantis laboribus fundatum imperium, quantâ virtute stabilitam libertatem, quantâ deorum benignitate auctas exaggeratasque fortunas una nox quàm penè delêrit[6]. Id ne

1. *Otio*; la paix publique.
2. *Occlusis tabernis*. On fermait les boutiques dans les moments de troubles et dans les jours de deuil public.
3. *Incensis* (*tabernis*), si on avait incendié leurs boutiques.
4. *Ducem*, un chef, un consul; ce chef est Cicéron lui-même.
5. *Civili causâ*; une affaire, une cause politique.
6. *Cogitate.... penè delêrit*. Construisez. *Cogitate*, *quàm penè* (combien il s'en est peu fallu que) *una nox delêrit imperium fundatum quantis laboribus*, *etc.*

unquam posthac non modò confici, sed ne cogitari quidem possit a civibus, hodierno die providendum est. Atque hæc non ut vos, qui mihi studio penè præcurritis, excitarem, locutus sum, sed ut mea vox, quæ debet esse in republicâ princeps, officio functa consulari videretur.

X. Nunc antequam, patres conscripti, ad sententiam redeo, de me pauca dicam. Ego, quanta manus est conjuratorum, quam videtis esse permagnam, tantam me inimicorum multitudinem suscepisse video; sed eam esse judico turpem et infirmam, contemptam et abjectam. Quòd si aliquando, ali cujus furore et scelere concitata, manus ista plus valuerit quàm vestra ac reipublicæ dignitas, me tamen meorum factorum atque consiliorum nunquam, patres conscripti, pœnitebit. Etenim mors, quam illi mihi fortasse minitantur, omnibus est parata; vitæ tantam laudem, quantâ vos me vestris decretis honestâstis, nemo est assecutus. Ceteris enim semper bene gestæ, mihi uni conservatæ reipublicæ gratulationem decrevistis.

Sit Scipio [1] clarus ille, cujus consilio atque virtute Hannibal in Africam redire atque ex Italiâ decedere coactus est; ornetur alter eximiâ laude Africanus [2], qui duas urbes huic imperio infestissimas, Carthaginem Numantiamque, delevit; habeatur vir egregius L. Paulus ille [3], cujus currum rex potentissimus quondam et nobilissimus, Perses, honestavit; sit in æternâ gloriâ Marius, qui bis Italiam obsidione et metu servitutis liberavit [4]; anteponatur omnibus Pompeius, cujus res gestæ atque virtutes iisdem, quibus solis cursus, regionibus ac terminis continentur. Erit profectò inter horum laudes aliquid loci nostræ gloriæ, nisi fortè majus est patefacere nobis provin-

1. *Scipio*. P. Cornélius Scipion, le premier Africain, qui termina la deuxième guerre punique.

2. *Alter Africanus*. Le second Africain, fils de L. Emilius Paulus, avait pris le nom de Scipion Emilien, après son adoption par le fils du premier Africain.

3. L. Emilius Paulus, conquérant de la Macédoine, traîna Persée derrière son char de triomphe.

4. *Qui bis... liberavit*. Par la défaite des Teutons dans la Gaule Narbonnaise, et celle des Cimbres en Italie.

cias, quò exire possimus[1], quàm curare ut etiam illi, qui absunt, habeant[2] quò victores revertantur.

Quanquam est uno loco conditio melior externæ victoriæ, quàm domesticæ, quòd hostes alienigenæ aut oppressi serviunt, aut recepti[3] beneficio se obligatos putant; qui autem ex numero civium, dementiâ aliquâ depravati, hostes patriæ semel esse cœperunt, eos, quum a pernicie reipublicæ repuleris, nec vi coercere, nec beneficio placare possis. Quare mihi cum perditis civibus æternum bellum susceptum esse video; quod ego vestro bonorumque omnium auxilio, memoriâque tantorum periculorum, quæ non modò in hoc populo, qui servatus est, sed etiam in omnium gentium sermonibus ac mentibus semper hærebit, a me atque a meis facilè propulsari posse confido. Neque ulla profectò tanta vis reperietur, quæ conjunctionem vestram equitumque romanorum et tantam conspirationem bonorum omnium perfringere et labefactare possit.

XI. Quæ quum ita sint, patres conscripti, pro imperio, pro exercitu, pro provinciâ[4] quam neglexi, pro triumpho ceterisque laudis insignibus, quæ sunt a me propter urbis vestræque salutis custodiam repudiata, pro clientelis hospitiisque provincialibus, quæ tamen urbanis opibus[5] non minore labore tueor, quàm comparo; pro his igitur omnibus rebus, et pro meis in vos singularibus studiis, proque hâc, quam perspicitis, ad conservandam rempublicam diligentiâ, nihil aliud a vobis, nisi hujus temporis totiusque mei consulatus memoriam postulo; quæ dum erit vestris mentibus infixa, firmissimo me muro septum esse arbitrabor. Quòd si meam spem vis improborum fefellerit atque superaverit, commendo vobis parvum

1. *Quò exire possimus*, des provinces où nous puissions nous retirer (si une conjuration comme celle de Catilina nous chassait de Rome).

2. *Habeant* (*locum, patriam*). Voyez *De officiis*, I, 22.

3. *Recepti* (*in gratiam*).

4. *Imperio... provinciâ*, le commandement de l'armée de Macédoine. Voy. la note 7 de la p. 60.

5. *Urbanis opibus*. Cicéron, à ce que rapporte Plutarque, réunissait plus de clients autour de lui que les personnages les plus riches et les plus puissants.

meum filium, cui profectò satis erit præsidii, non solùm ad salutem, verùm etiam ad dignitatem[1], si ejus, qui hæc omnia suo solius periculo conservaverit, illum esse filium memineritis.

Quapropter de summâ salute vestrâ populique romani, patres conscripti, de vestris conjugibus ac liberis, de aris ac focis[2], de fanis ac templis, de totius urbis tectis ac sedibus, de imperio, de libertate, de salute Italiæ, deque universâ republicâ decernite diligenter, ut instituistis, ac fortiter. Habetis enim eum consulem, qui et parere vestris decretis non dubitet, et ea, quæ statueritis, quoad vivet, defendere et per se ipsum præstare possit.

1. *Ad dignitatem*, pour parvenir aux honneurs.

2. *Aris ac focis*, qui est ici opposé à *fanis ac templis*, désigne les autels et les foyers des demeures particulières.

www.ingramcontent.com/pod-product-compliance
Ingram Content Group UK Ltd.
Pitfield, Milton Keynes, MK11 3LW, UK
UKHW031056260726
13965UKWH00006B/1417